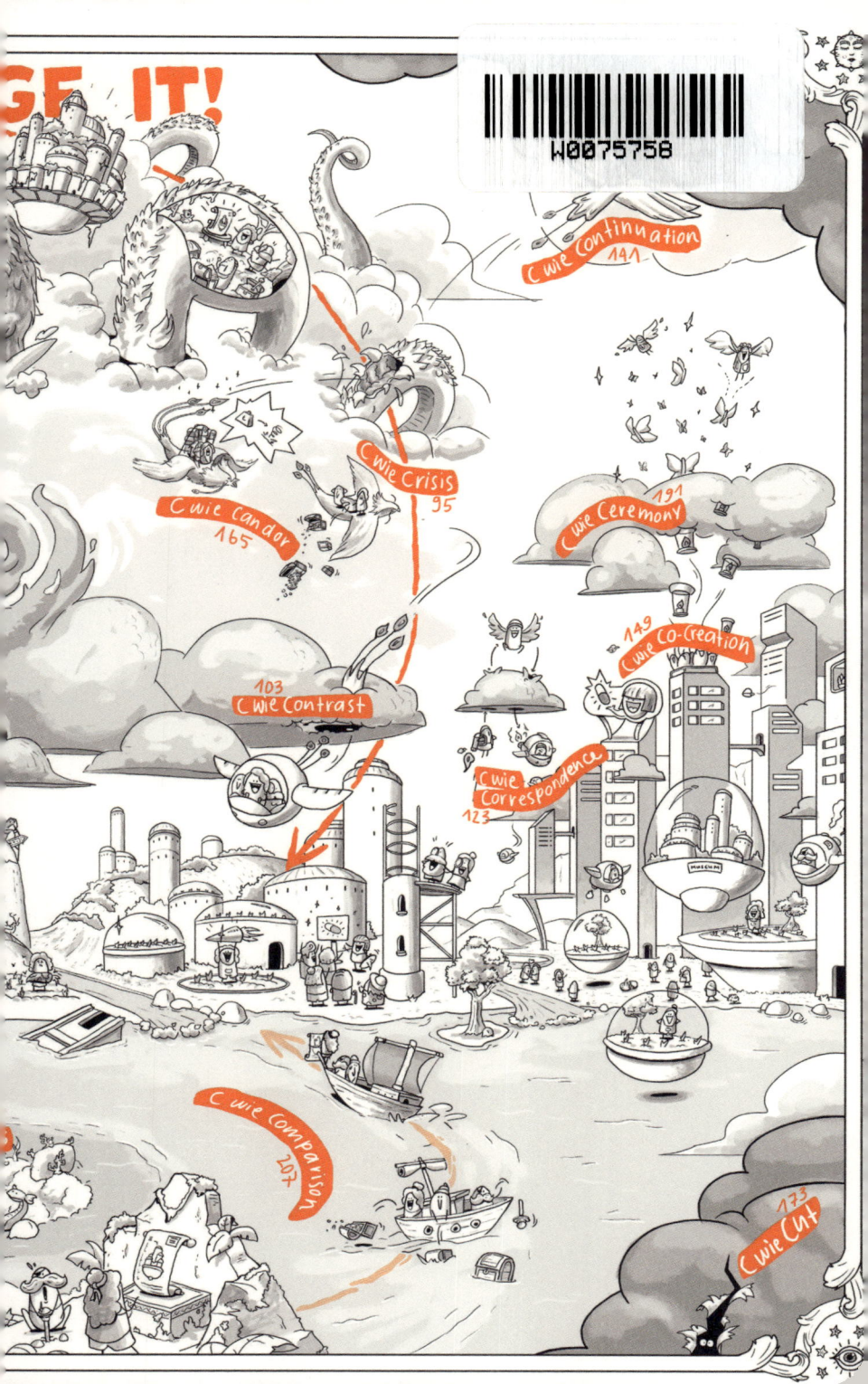

GE IT!

CHANGE IT!

21 kreative Anstiftungen, die ganze Welt, jede Organisation und sogar sich selbst zu verändern

Geschrieben von *Andri und Gieri Hinnen,*
mit Illustrationen von Sven Aeschlimann, Vivi Ammann,
Marion Deichmann, Madleina Dörig, Yves Erne, Christof
Gähwiler, Stephan Geiger, Patrick Graf, Sarah Kartika
Haller, Pablo Hintermüller, Vanessa Kesselring, Mario
Miles, Hannes Oehen, Carlos Saborío Romero, Mira
Schadt, Alexandra Siebert und Alex Wucherer

*A worthy fiction leads one
to a worthy life.*

James Hollis

*The darksaber doesn't have power.
The Story does.*

Aus »The Mandalorian«

*Wir brauchen dringend neue Lügen
Die uns durchs Universum leiten
Und uns das Fest der Welt bereiten*

Tocotronic

INHALT

EINFÜHRUNG

C wie Change

Anfangs war da vor allem die eine Welt. Das Reich des Physischen, Körperlichen und Konkreten, des Fass- und Formbaren, des Hier und des Jetzt, bewohnt von Pflanzen und Tieren, voller unmittelbarer Gefahren. Doch wann immer unsere Vorfahrinnen[1] ihre Augen schlossen, erhaschten sie einen Blick in eine andere Welt, das Reich des Geistes, des Flüchtigen und Abstrakten, des Denk- und Vorstellbaren. Zu Beginn unserer Geschichte zeigte sich diese Welt nur selten. Und wenn, dann sandte sie verschlüsselte Botschaften in Form von Träumen und Gedanken, von Erinnerungen und »Was-wäre-wenns«.

Dann entdeckten unsere Vorfahrinnen das Feuer. Schatten flackerten über die Höhlenwände. Rauch stieg zum Himmel. Man saß zusammen und erzählte Geschichten. Es begann mit Klatsch und Tratsch. »Keule, hast du gehört, was Beule mit dem Mammut angestellt hat? Und jetzt ist es schwanger!« Fakten wurden mit Fiktion angereichert, das Jetzt mit Vergangenheit und Zukunft, die Realität mit Abbildern. Die zweite Welt wurde größer, begehbarer – und kollektiver. Inhalte, die eben noch in Beules Schädel gefangen waren, gelangten jetzt auch in Keules Kopf. Es entstanden Höhlenzeichnungen, Statuen, Landkarten und Mythen.

Die Menschen lernten, zwischen den beiden Welten hin- und herzureisen, die zweite zugunsten der ersten zu nutzen. Wenn Keule ein Haus

---

1 Bereits in unserem Buch *Reframe it!* haben wir die weibliche Form als Standard benutzt und waren erstaunt über die vielen wutentbrannten Kommentare. Sollten auch Sie ein Problem mit den vielen Ins und Innen in diesem Buch haben, schlagen wir erneut vor, dass Sie sich schleunigst auf Ihr Pferd schwingen, ins nächste Dorf reiten, die Pfarrerin aus dem Bett klingeln und ihr von den schlimmen Neuigkeiten berichten. Dieses Mal wird sie den weiten Weg zu uns höchstpersönlich auf sich nehmen, um uns Ihre Besorgnis zu erläutern.

bauen wollte, malte er jetzt zuerst einen Plan des Terrains. Er stellte sich vor, wie das Haus beschaffen war. Und erst dann, nach dem »Umweg« über die zweite Welt, setzte er seinen Plan in der physischen Realität in die Tat um.

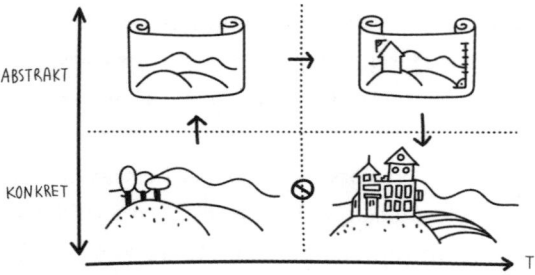

Über die Jahrtausende hinweg wurde die zweite Welt von der exotischen Feriendestination zum Zweitwohnsitz. Egal ob Göttermythologien, Gesellschaftsordnungen oder theoretische Abhandlungen: Sie half dem Menschen, besser in der ersten Welt zurechtzukommen, Sinn in der vermeintlichen Sinnlosigkeit und Ordnung im Chaos zu finden. Die physische Wirklichkeit, deren Entwicklungsprinzip der Zufall zu sein schien, wurde dank regelmäßiger Trips in die zweite Welt erklär-, gestalt- und ertragbar.

Der berühmte Kinderbuchautor Oliver Jeffers schreibt: »Wir schauten nach oben, zeichneten Linien zwischen den Lichtern am Nachthimmel und versuchten dadurch, Sinn im Chaos zu finden. Wir schauten nach unten und zeichneten Linien übers Land, um zu wissen, wo wir zu Hause sind und wo nicht. Aber meist vergessen wir, dass diese Linien, welche die Sterne verbinden und das Land teilen, nur in unseren Köpfen existieren. Auch sie sind Geschichten.« In seinem Eifer realisierte der Mensch gar nicht, dass er sein Zuhause immer mehr von der einen in die andere Welt verlegte. Dass er vieles, was er für »real« oder »wahr« hielt, der geistigen Schöpfungskraft seiner Artgenossinnen und Vorfahrinnen zu verdanken hatte. Gesetze waren nicht wirklich in Stein gemeißelt, Geldscheine nicht bare Münze. Sie waren erfundene Ordnungen,[2] kollektive Konstrukte aus der zweiten Welt. Diese wurde jetzt immer dominanter und autoritärer. Bald war sie es, die den Ton angab. Aus Mythologien wurden Religionen, aus Ideen Ideologien.

Doch aus kollektiv wurde kaum je allgemeingültig. Dank Sprache, Geschichten und anderen Medien wurde ein Teil der zweiten Welt gemeinsam begehbar, aber jede soziale Gruppe schuf ihre eigenen Inseln. Zwischen manchen von ihnen entstanden Brücken und Fährdienste. Viele andere scheinen bis heute Lichtjahre voneinander entfernt. Die zweite Welt wurde zum riesigen, stetig wachsenden Archipel.

Und natürlich bestand das Zuhause des Menschen erst dann aus zwei Welten, als der Mensch beschloss, dass es aus zwei Welten bestand. Er – Platon, Descartes, Nietzsche, wir alle – kreierte den Unterschied zwischen dem Konkreten und dem Abstrakten, zwischen Leib und Seele. Und erst dann – als der Mensch aus eins zwei machte – ging die Handelsbilanz der beiden Welten so richtig durch die Decke. Wissenschaftlerinnen begannen jetzt, bewusst und zielgerichtet hin- und herzureisen. Sie exportierten Beobachtungen, Messungen, Daten von der ersten in die zweite Welt. Dort, in ihren Köpfen, aber auch auf Schriftrollen und Wandtafeln, verarbeiteten sie diese Rohstoffe zu Hypothesen, Modellen und verrückten Ideen aller Art. Und diese wiederum transportierten sie zurück in die erste Welt, um sie zu testen, mit Experimenten weiterzuentwickeln und in konkrete Anwendungen zu überführen. Der große Trick der Wissens-

---

2 Sie kennen diesen Begriff vielleicht vom israelischen Superhistoriker Yuval Noah Harari.

gesellschaft war und ist es, die zwei Welten immer mehr miteinander zu verzahnen.

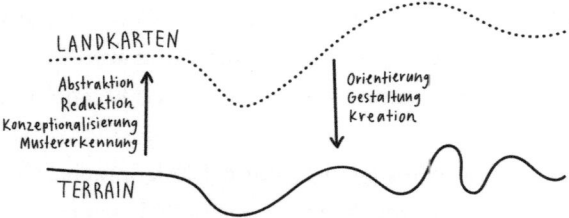

Im Zuge der industriellen Revolution begannen sich auch die Nichtwissenschaftlerinnen in der zweiten Welt zu organisieren. Man führte die Schulpflicht ein, erfand Berufe, die nicht mehr physisch, sondern kognitiv anspruchsvoll waren, packte seine Gedanken immer raffinierter in Worte, Bilder und Medien, erfand Schrift, Radio, Fernsehen, Computer und Internet. Die erste Welt, die alte »Realität«, wurde kleiner, unwichtiger. Der Erstwohnsitz verstaubte. Pflanzen wurden nicht mehr gegossen, die Katze musste wieder lernen, wie man Mäuse fängt.

Heute verbringt ein beträchtlicher Teil der Menschheit einen beträchtlichen Teil seines Lebens in der zweiten Welt. Unser Lebensraum ist zweidimensional und rechteckig geworden, dominiert vom Virtuellen, Hypothetischen, Konzeptionellen, Abstrakten und Fiktiven.

Es ist daher kaum erstaunlich, dass der durchschnittliche IQ, eine Messgröße für die Qualität abstrakten Denkvermögens, in den letzten Jahrzehnten angestiegen ist.[3] Und auch der Wortschatz der Menschen, ein weiterer Indikator für die Fähigkeit, Komplexes zu erfassen, nimmt zu. Nie war unsere Spezies versierter, Kategorien zu bilden, sich Szenarien vor-

---

3 Dies wurde vom neuseeländischen Politologen und Intelligenzforscher James R. Flynn entdeckt und wird daher »Flynn-Effekt« genannt.

zustellen oder Argumente zu bauen. Es gelingt uns nicht immer – und nicht allen gleich gut –, Schritt zu halten mit dieser immer vielschichtigeren und komplexeren Umwelt. Doch wir sind ihr dicht auf den Fersen. Gemessen an traditionellen Kennzahlen ist der Fall klar: Wir werden klüger.[4]

Aber heißt das, dass es uns dank unserer gesteigerten Fähigkeit, die Welt zu abstrahieren, zu konzeptionalisieren, also von der ersten in die zweite Welt zu reisen, auch leichter fällt, von der zweiten in die erste zu reisen, die physische Realität tatsächlich zu verbessern, sie zu verändern?

Ja und nein. Wir sind heute in der Lage, kilometerhohe Gebäude zu bauen, Stauseen größer als der Titicacasee, Flugzeuge schneller als der Wind. Dank Computern können wir alles Mögliche voraussagen und berechnen. Doch wie sieht es aus mit Klimawandel, Bürgerkriegen, Ungleichheit, Populismus, Menschenrechtsverletzungen, Migrationsströmen, Umweltverschmutzung, Pandemien und dem Vorhaben, nächstes Jahr regelmäßig Sport zu treiben? Bei gesellschaftlichen, organisationalen oder psychologischen Problemen tut sich die Menschheit nach wie vor schwer.

Denn mit der Migration vom körperlichen in den geistigen Lebensraum kommen auch ein paar Probleme:

Erstens verlieren wir den Bezug zur ersten Welt: zur physischen, körperlichen Realität. Der deutsche Philosoph und Ökonom Karl Marx sprach einst von »Entfremdung«. Durch Arbeitsteilung verlieren wir die Verbindung zu den Früchten unserer Arbeit. Und siehe da, bekanntlich wissen heute längst nicht mehr alle Kinder, bei wem sie sich für die Milch bedanken dürfen. Von Kopfschmerzen geplagte Burn-out-Patientinnen klagen über Gedankenkreisen und Unvermögen, den Geist auszuschalten.

---

4 Vielleicht denken Sie jetzt: Die Menschheit wird klüger! Doch was ist mit diesen durchgeknallten Verschwörungstheoretikerinnen, die das amerikanische Regierungsgebäude stürmten? Oder wer weiß heute noch, wie Proust mit Vornamen hieß? Lesen Sie erst mal weiter. Ah, und Jean-Jacques hieß er.

Sehr viele Menschen inszenieren ihr Leben als aufregende Geschichte auf Social Media oder verfolgen solche Inszenierungen anderer. Doch der damit einhergehende Realitätsverlust treibt nicht wenige in Depressionen. Und die geneigte Managerin verbringt Monate damit, Strategien, Pläne, Strukturen, Prinzipien, Prioritäten, Leitplanken, Werte, Führungsgrundsätze und andere Blaupausen zu definieren, doch versagt sie nicht selten, wenn es darum geht, diese in der Realität zu verankern, sie auf den berühmten Boden zu bringen.

Zweitens entgleitet uns auch der gemeinsame geistige Boden. Besagter Archipel der zweiten Welt wird fragmentierter. Wo früher Brücken gebaut wurden, entstehen heute tiefere Gräben. Durch die selbstverstärkenden Mechanismen digitaler sozialer Netzwerke (die teils von Gruppierungen oder Staaten kontrolliert werden) entstehen geschlossene Filterblasen oder Echoboxen. Diese funktionieren nach dem Prinzip »Mehr desselben«. In einem Forum von Verschwörungstheoretikerinnen erhalten nur die Meinungen »Likes«, welche die Theorie bestätigen und weiter aufblasen – statt ihre ganz individuell gewordenen Realitäten hie und da zu durchbrechen. Weltansichten und Meinungen werden extremer. Es wird immer schwieriger, individuelle Wirklichkeiten miteinander zu vereinbaren.

Drittens fällt es uns immer schwerer, zwischen der ersten und der zweiten Welt zu unterscheiden. Hat der Präsident das wirklich gesagt, oder handelt es sich um eine computergenerierte Fälschung? Ist die Geschichte, die uns der Präsident auftischt, wahr oder erlogen? Die Grenzen zwischen Fakt und Fiktion, zwischen Realität und Abbild verschwimmen. Mehr denn je wirkt die geistige Welt auch physisch real. Haben Sie mal eine Virtual-Reality-Brille der neuesten Generation ausprobiert? Sind Sie sicher, dass Sie die Brille auch wieder abgesetzt haben? Noch immer lieben es die Menschen, darüber zu streiten, welches Modell das einzig wahre ist – und vergessen meistens, dass es sich eben »nur« um Modelle handelt. Statt zu akzeptieren, dass wir eine Vielzahl von Linsen nutzen und brauchen, um der Realität gerecht zu werden, heißt es dann: Es gibt nur einen Gott! Es gibt nur eine Art, zwischen Geschlechtern zu unterscheiden! Es gibt nur eine Art, einer Sache Wert beizumessen!

Doch gibt es keinen Rat der Weisen, keinen Weltgerichtshof, der uns an der Hand nimmt und den Weg aus dem Dickicht aus Sein und Schein zeigt. Weshalb wir, viertens, das Vertrauen in das Wechselspiel zwischen den beiden Welten verloren haben.

Die einen besinnen sich auf ein veraltet anmutendes Prinzip zurück: Ich glaube nur, was ich mit eigenen Augen gesehen habe. Es schneit im Juni? Da soll mir keiner erzählen, dass die Erde immer wärmer wird. Einwanderung ist gut fürs Land? Kann schon sein, aber ich habe schlechte Erfahrungen mit gewaltbereiten Flüchtlingskindern gemacht.

Doch bevor sich die linksliberalen, humanistisch aufgeklärten Primarlehrerinnen unter Ihnen jetzt allzu sehr in ihrer Meinung bestätigt fühlen: Auch das blinde Vertrauen in die Statistik birgt bekanntlich Gefahren. Es führt zu einer Illusion von Sicherheit und Berechenbarkeit. Selbstverständlich sollten wir uns von ein paar Gewalttäterinnen nicht dazu verleiten lassen, unsere offene Grundhaltung infrage zu stellen. Aber wir dürfen anerkennen, dass nicht alles reibungslos funktioniert. Einmal mehr: So einfach ist es nicht.[5]

---

5 An die vorangegangene Fußnote anknüpfend: Nur weil die Zeitungen uns mit Bildern einiger weniger Idiotinnen bombardieren, heißt das noch lange nicht, dass die ganze Welt verblödet. Im Gegenteil. Psychologen nennen dies eine »Verfügbarkeitsheuristik«. Wir tendieren dazu, das zu überschätzen, was in unserem Gehirn gerade »verfügbar« ist. Oft sind das Bilder von Un- oder Vorfällen, die wir in den Medien aufgeschnappt haben. Doch der Clou ist: Die Medien haben ja nur über diese berichtet, weil es sich um besondere und eben nicht häufige Ereignisse handelt.

Das Prinzip der Wissensgesellschaft baut darauf auf, kollektive geistige Welten zu errichten und diese in Änderungen in die reale Welt zu überführen. Das Wechselspiel von Terrain und Landkarte, Fakt und Fiktion, ist der Motor menschlichen Fortschritts und der Veränderung. Doch die Entfremdung von der physischen Welt, die Erosion kollektiver Glaubens- und Referenzsysteme, die zunehmende Vermischung von Fakt und Fiktion sowie der Vertrauensverlust in besagtes Wechselspiel bringen dieses Fundament ins Wanken. Ein Gefühl der Ohnmacht macht sich breit. Klimawandel, Demokratiekrise, Ungleichheit, monopolistische Organisationen, wahnsinnig gewordene Despoten und der Plan eines gesunden Lebens? Wir haben keine Chance.

Ein häufiger Lösungsvorschlag lautet: Mehr Rationalität! Mehr Fakten! Mehr Realitätsbezug! Nur: Ist es dafür nicht längst zu spät? Ist es nicht besser, den gegenteiligen Weg einzuschlagen? Leidet ein Mensch an Wahnvorstellungen, bringt es bekanntlich nichts, ihm zu erklären, dass es sich nur um Wahnvorstellungen handelt. Nur wenn Sie einen Schritt auf ihn zu machen und seine individuelle Wirklichkeit an- und wahrnehmen, können Sie ihm helfen, in eine allgemein akzeptierte Wirklichkeit zurückzukehren. Mit der Menschheit verhält es sich ähnlich. Möchte sie in die erste Welt zurückfinden, kommt sie nicht umhin, die zweite Welt und deren Mechanismen besser zu verstehen. Sie braucht Landkarten, um sich in der Welt der Landkarten zurechtzufinden. Doch mehr noch muss sie lernen, das Wechselspiel zwischen den Welten besser zu verstehen und bewusster zu leben. Darum geht es uns in *Change it!*.

Im Zentrum steht das zentrale Vehikel, um zwischen den Welten hin- und herzureisen: die Geschichte. Als ältestes Instrument, um Wirklichkeit zu konzeptionalisieren und zu reimaginieren, hatte das menschliche Gehirn Hunderttausende von Jahren Zeit, sich an sie zu gewöhnen. Weshalb sie die meisten von uns auch heute noch jeder Exceltabelle oder jedem logischen Argument vorziehen. Richtig eingesetzt, liegt ihr die Kraft inne,

Völker zu Kreuzzügen und Genoziden anzustiften, Traumata zu heilen und dazu anzuspornen, zum Mond zu fliegen. Dies liegt nicht zuletzt daran, dass die Geschichte – im Gegensatz zu allen anderen Formen der Konzeptionalisierung – per Definition ein Stück Information ist, das eine Transformation beinhaltet. Die Geschichte holt uns an Punkt A ab und trägt uns zu Punkt B – und transformiert dadurch auch uns. Geschichte ist Veränderung.

Doch natürlich reicht es nicht, einfach bessere, unterhaltsamere, modernere, archetypischere oder in sonst einer Weise optimierte Geschichten zu erzählen, um das Wechselspiel zwischen den Welten wirkungsvoller zu gestalten. Nein! Vielmehr gilt es, die Wirklichkeit geschichtlicher und Geschichten wirklicher zu begreifen – und zu verstehen, wo dem Grenzen gesetzt sind. Dazu möchten wir Sie mit *Change it!* anstiften.

Aber der Reihe nach.

WIE IST *CHANGE IT!* ENTSTANDEN?

»Storytelling« und »Change« sind seit Jahren in aller Munde. Doch zu unserer großen Überraschung erleben wir sie nie in der Kombination. Mit *Change it!* möchten wir einen Beitrag leisten, damit sich dies – genau – ändert. Wie in einer Buddy-Cop-Komödie erteilen wir zwei komplett unterschiedlichen Charakteren – die quirlige Story auf der einen, der strenge Change auf der anderen Seite – den Auftrag, zusammen einen Fall zu knacken. Anfangs finden beide: Mit dem soll ich arbeiten? Unmöglich! Doch am Schluss geben sie zu: Okay ... alleine hätte ich es nicht geschafft.

Doch wieso gerade wir?

Wie viele andere Menschen auch haben wir beruflich viel mit Transformation zu tun. Andri begleitet mit der Beratungs- und Kreativagentur Zense organisationale Veränderungsprozesse mittels Medien aller Art. Gieri arbeitet derzeit an der Transformation einer Airline mit und verhandelt Gewerkschaftsverträge. Beide haben wir immer wieder festgestellt: Es geht nicht ohne geschichtliche Referenzsysteme, ohne die Freude am Spiel mit den Wirklichkeiten und die Lust am Fabulieren und Imaginieren. Doch wirklich gefährlich wird es, wenn das Bewusstsein abhandenkommt, auf welcher (Un-)Wirklichkeitsebene man sich gerade befindet.[6]

Mit unserem ersten Buch *Reframe it!* haben wir die oben erwähnte Landkarte der Landkarten skizziert. Es umfasst eine Sammlung von Linsen, Modellen oder eben »Frames«, die die Annäherung an komplexe Wirklichkeiten erleichtern: wissenschaftliches Denken, Metaphern, Heuristiken, Sprache, Visualisierung und so weiter.

Mit *Change it!* machen wir den für uns logischen nächsten Schritt und fragen: Was braucht es, um diese komplexen Wirklichkeiten auch effektiv zu gestalten? Dafür wagen wir es, tiefer in die Welt des wirkungsmächtigsten Frames einzutauchen: der Geschichte.

Und wir geben es gerne zu: Auch wir sind manchmal grauenvolle Zauderer und Zögerer, gefangen in Fantasien, Konzepten und, ja, Geschichten. Und so ist die Arbeit an *Change it!* für uns auch mit einem eigennützigen Zweck verbunden: dass wir selbst lernen, entschiedener und mutiger auf das Neue zuzugehen und Konzeptionelles auf den echten, physischen Boden zu bringen.

---

6   Auch wir beobachten mit großer Besorgnis, wie immer weiter auseinanderdriftende Wirklichkeiten die friedliche Gestaltung unseres Heimatplaneten gefährden. Man denke an den imperialistischen Einmarsch Russlands in die Ukraine, an den Totalitarismus Chinas, an den Größenwahn superreicher Tech-Magnaten oder die Geflüchtetenpolitik Europas.

WIE IST *CHANGE IT!* AUFGEBAUT?

Das Buch widmet sich drei Fragen:

- Wie wird die Wirklichkeit zur Geschichte?
- Wie wird die Geschichte zur guten Geschichte?
- Und wie wird die gute Geschichte zur Realität?

Das Wechselspiel zwischen den Welten ist ein fortwährender Prozess. Die erste und die dritte Frage sind somit kaum voneinander zu trennen. Deshalb befassen wir uns in der ersten Hälfte des Buches mit den Zutaten guter (Veränderungs-)Geschichten. Was macht diese spannend und zugänglich? Was können wir von Geschichten lernen, um Wirklichkeit zu gestalten und zu begreifen? Was nicht? Zum Beispiel zeigen wir, dass das geschichtliche Verständnis des Begriffs der »Krise« dazu anzustiften vermag, tatkräftiger zu handeln – dass jedoch das für Geschichten so wichtige Prinzip der Kausalität in der Realität an seine Grenzen stößt.

Nach einem fließenden Übergang wendet sich die zweite Hälfte besagtem Wechselspiel zu. Wie muss unsere Vorstellung mit der Wirklichkeit korrespondieren, damit sich Gestaltungsräume öffnen? Welche Anforderungen stellt unsere sich so sehr im Wandel befindende Welt an die Art, wie wir uns Geschichten erzählen?

Jean-Luc Godard, der große französische Regisseur, hat einmal gesagt: Jede Geschichte hat einen Anfang, eine Mitte und ein Ende – aber nicht zwingend in dieser Reihenfolge. Ähnlich verhält es sich mit diesem Buch.[7] Natürlich fühlen wir uns geehrt, wenn Sie es von vorn bis hinten lesen.

---

7   Ansonsten ist *Change it!* hoffentlich lustiger und kurzweiliger als Godard-Filme. Dafür kommen vielleicht nicht ganz so viele attraktive Französinnen und Franzosen vor. Aber wir haben uns Mühe gegeben (siehe unter anderem Morris Honeggers *Liebestriangel* mit Claire und Antoine Dubois auf den Seiten 439 ff.).

Aber wir haben *Change it!* so angelegt, dass jedes Kapitel für sich spricht. Vielleicht sticht Ihnen ja während der nächsten Toilettenpause das »C wie Challenge«-Kapitel ins Auge, oder Sie haben nach der nächsten Lohnverhandlung das Bedürfnis, mehr über »C wie Conflict« zu erfahren. *Change it!* ist ein »Hypertext«. Sie können einsteigen, wo Sie möchten, und fast alle Kapitel nehmen Bezug aufeinander.

Vielleicht werfen Sie an dieser Stelle einen Blick auf die Übersicht im Vorsatz, welche das Wechselspiel der beiden Welten verbildlicht. Wie Sie spätestens jetzt bemerkt haben, beginnt jedes Kapitel mit dem Buchstaben C. C wie Change. In vielen Kulturen ist C ein Symbol für die Offenheit gegenüber Neuem, für das Zusammenführen zweier Hälften und auch für das Göttliche und Spirituelle. Sie werden sehen: Das passt ganz gut.[8]

AN WEN RICHTET SICH *CHANGE IT!*?

Wie im großspurigen Untertitel versprochen, richtet sich das Buch an alle, die sich privat oder beruflich mit der Gestaltung von Wirklichkeiten beschäftigen.

Mit jedem Kapitel verfolgen wir dreimal drei Ziele. Wir möchten dazu anstiften, gesellschaftlichen, organisationalen und individuellen Wandel neu zu denken. Gleichzeitig wünschen wir uns, dass Sie auf jeder Ebene in dreifacher Hinsicht profitieren: erstens beim Schreiben und Erzählen

---

8   Geprägt von der angelsächsischen (Pop-)Kultur, haben wir fast allen Kapiteln englische Namen gegeben. Auch sonst sind wir nicht darum herumgekommen, den Welten des »Storytellings« und »Change-Managements« den einen oder anderen Anglizismus zu entlehnen. Bei unserem letzten Buch hat dies – genau wie die konsequente Verwendung der weiblichen Form – einige Leserinnen offenbar über alle Maßen genervt. Zusammen mit unserem lieben Lektor haben wir versucht, unklare Ausdrücke wann immer möglich zu übersetzen oder zu erklären. Aber dieses Buch ist definitiv nichts für (Sprach-)Puristen. Wenn sich die Wirklichkeit verändert, müssen auch deren Abbilder Schritt halten. Und dazu gehört auch die Sprache. Sind Sie anderer Meinung, geben Sie Ihrem Pferd heute Abend besser eine Extraration Hafer, damit es den Weg zur Pfarrerin auch noch ein zweites und drittes und viertes Mal schafft.

von Geschichten. Zweitens beim Kommunizieren komplexer Sachverhalte. Und drittens bei der konkreten Ausgestaltung von Change-Prozessen. Für echte Wirksamkeit bedarf es unserer Meinung nach aller drei Punkte.[9] Doch Achtung: *Change it!* ist kein Change-Buch im herkömmlichen Sinn. Es gibt Ihnen keine Schablonen an die Hand, um Organisationen umzukrempeln, Regierungen zu stürzen oder Ihr eigenes Verhalten zu bessern. Dafür gibt es klügere Bücher von klügeren Menschen. Und ja, oft ist Veränderung verdammt hart und verdammt schwierig und tut verdammt weh. Dem kann auch *Change it!* nichts entgegensetzen. Aber vielleicht gelingt es uns, der bitteren, aber oft bitter nötigen Medizin den berühmten Löffel Zucker beizufügen und Sie zu einer verspielteren und bewussteren Herangehensweise an die Gestaltung von Veränderung zu verleiten.

Wir wünschen Ihnen viel Spaß beim Lesen und eine gute Reise von der einen in die andere Welt – und wieder zurück.

---

9   Dieser in den Unterkapiteln »Kernpunkte und Anwendungsideen« verwendete Dreiklang führt zwangsweise zu der einen oder anderen Wiederholung. Doch wir halten uns hier an das gute alte Pädagogik-Prinzip repetieren, repetieren, repetieren.

C WIE CONSTRUCTION

Die Dramaturgie der Veränderung

Den japanischen Tausendsassa Takeshi Kitano kennen Angehörige unserer Generation vor allem als Endgegner der abgedrehten Fernsehsendung *Takeshi's Castle*. Aber darüber hinaus ist er nicht nur ein von Cineastinnen gefeierter und mit Preisen überschütteter Autorenfilmer, sondern auch der Verfasser des kürzesten Epos der Welt: *Der Samurai auf der Toilette*. Die in ihrer ursprünglichen Form bereits vor fünfzig Jahren, also lange vor dem Emoji-Zeitalter, verfasste Geschichte geht wie folgt:

Wir würden das Werk wie folgt zusammenfassen:[10] Es war einmal ein Samurai. Plötzlich musste er mal. Er ging. Und danach ging es ihm besser.

Takeshi Kitanos Geschichte eignet sich gut, um der Lieblingsfrage aller Storytelling- und Change-Interessierten auf den Grund zu gehen: Gibt es eine universelle Struktur, welcher alle Geschichten folgen oder folgen sollten? Seit jeher bemühen sich Denkerinnen aus allen Ecken der Welt darum, Theaterstücke, Märchen, Sagen, Bücher, Hollywoodfilme, Alltagserzählungen, Träume sowie reale Veränderungsprozesse auf gemeinsame Essenzen herunterzukochen.

Der altgriechische Philosoph Aristoteles war einer der Ersten, die sich daran versuchten. Dabei ließ er den Topf so lange auf dem Feuer, bis nur noch drei Elemente übrig waren. Ein Anfang, eine Mitte und ein Ende. Am Anfang ist da also der Samurai. Dann passiert irgendetwas mit ihm. Und am Ende ist der Samurai glücklich(er).

Wir konnten der Einfachheit von Aristoteles' Schema lange Zeit nichts abgewinnen. Ein Anfang, eine Mitte und ein Ende? Ist das nicht selbstverständlich? Doch ein kluger Mann hat mal zu uns gesagt: »Common place is the least common of all places.« Gemeinplätze sind die am wenigsten frequentierten Plätze. Für uns lag die große Einsicht schließlich darin, dass sich Anfang und Ende unterscheiden und die Unterscheidung in der Mitte passiert.

In anderen Worten: Jede Geschichte beginnt mit einer alten Stabilität (Anfang), dann findet ein Aufbrechen und Verändern statt (Mitte), und

---

10 Im Kapitel »C wie Cut« zitieren wir Jonathan Lethem, gemäß welchem Geschichten zu 50 Prozent von den Lesenden »geschrieben« werden. Das ist in diesem Fall nicht anders. Jede Betrachterin liest Takeshis Miniepos auf ihre Art, projiziert ihre ganz eigene Geschichte in es hinein. Wir hoffen, Sie können mit unserer Interpretation leben.

schließlich folgt eine erneute Stabilisierung, die in einer neuen Stabilität mündet (Ende).

Genau dasselbe hat auch der deutschamerikanische Psychologe Kurt Lewin mit seinem berühmten, aus keiner BWL-Einführungsveranstaltung mehr wegzudenkenden Change-Schema beschrieben: Unfreeze, change, freeze. Auftauen, verändern, einfrieren.[11] Doch was passiert in besagter Mitte? Was ist die Veränderung? Eines unserer Lieblingsschemata teilt die Mitte entzwei. Es besteht aus den Elementen Aufhänger (Anfang), Problem und Lösung (Mitte), Konklusion (Ende).

Zuerst wirft man den Angelhaken aus, um das Interesse des Publikums zu wecken und es über den Status quo zu informieren. Ein Samurai als Charakter ist da sicher nicht verkehrt (wir lieben Samurais). Dann wird der Charakter mit einem Problem konfrontiert: Er muss mal. Er sucht eine Lösung – eine Toilette – und findet sie. Und am Ende folgt die Konklusion, die Schluss-Folgerung: Das Problem ist gelöst. Und der Charakter ist erleichtert. Er hat sich verändert.[12]

---

11 Derselbe Dreiklang findet sich auch in verwandten Gebieten. Das klassische Verhaltensmodell der Psychologie etwa beginnt mit einem Trigger. Dieser löst eine Routine aus. Und diese führt zu einer Belohnung. Somit lässt sich jedes Verhaltensmuster auch als Geschichte verstehen, die nach Bedarf umgeschrieben werden kann. Auch Initiationsriten, also Rituale, welche den Übergang von einer Lebensphase in eine andere markieren, bestehen aus drei Teilen: Trennung, Übergang und Vereinigung. Zum Beispiel das Aufnahmeritual von Jungen in einem Kriegerstamm: Zuerst werden diese oft physisch und symbolisch aus ihrer alten Identität herausgerissen. Dann werden sie Rausch und Orientierungslosigkeit ausgesetzt. Und schließlich werden sie mit ihrer neuen Identität vereinigt (siehe auch »C wie Ceremony«).

12 Verschiedene Autorinnen fügen dem Schema noch einen fünften Punkt an: die Lektion oder die Moral. Was kann die Rezipientin von der Geschichte lernen? Ist es die Tatsache, dass man, wenn man muss, gehen sollte? Oder, ganz »meta«, dass man auch von der kürzesten Geschichte der Welt etwas lernen kann und befähigt wird, Veränderung anzustiften? Dazu mehr im Kapitel »C wie Comparison«.

Popularisiert wurde das APLK-Schema vom Apple-Gründer Steve Jobs, der fast alle seine verblüffend einfachen Präsentationen danach strukturierte. Doch auch viele auf Veränderung ausgerichtete Modelle aus der Betriebswirtschaft folgen im Grunde besagter Struktur. Beispielsweise erzählt die klassische, von amerikanischen Business-Schools geprägte Unternehmensstrategie nichts anderes als eine (Wunsch-)Geschichte:

- Den Aufhänger bildet die Mission, der Auftrag der Organisation. Was macht die Organisation eigentlich? Zum Beispiel: »Wir bieten Bankdienstleistungen an und stellen die Liquidität des Wirtschaftssystems sicher.«

- Es folgt eine Situationsanalyse: Wo liegen die Probleme? »Google und Apple drängen in den Markt!«

- Zur Lösung werden Maßnahmen beschlossen und »Capabilities«, Fertigkeiten, entwickelt. »Wir brauchen ein E-Banking!«

- Und schließlich sollen Ziele und eine übergeordnete Vision erreicht werden. »Wir werden als neuer Global Player aus der Asche emporsteigen!«[13]

---

13 Ein weiterer Aspekt fast jeder Unternehmensstrategie sind übrigens die Werte, die moralischen Leitplanken der strategischen Reise. Siehe hierfür auch die im Kapitel »C wie Character« besprochene Grundfrage jeder Geschichte: Wer bin ich?

Und natürlich lässt sich das Strategie-Schema wiederum auch auf Geschichten anwenden: Die Mission des Samurais ist es, ein guter Krieger zu sein, seine Vision, der flinkste, leichteste, schnellste aller guten Krieger zu sein. Doch sein Problem ist sein Darm (hätte ihm sein Krieger-Konkurrent bloß keine zweite Ramen-Suppe spendiert!). Und die Maßnahme ist das Aufsuchen einer Toilette.

Ein kurzes Zwischenfazit: Es bestehen also nicht nur die meisten Geschichten, sondern auch fast alle organisationalen und psychologischen Change-Modelle aus dem Eintauchen in eine Status-quo-Situation, einem Aufbrechen und Verändern dieser Situation, mit Problemen, Lösungen, Komplikationen etc., und einem Ende in der einen oder anderen – festen – Form.[14]

Einer ähnlichen Struktur folgt auch der berühmte »Pixar Pitch«[15], der auf die gleichnamige Trickfilm-Firma zurückgeht: Es war einmal ... Jeden Tag ... Eines Tages ... Darum ... Darum ... Bis endlich ...

Zum Beispiel war da einmal ein ängstlicher Witwer, der seinen Sohn übermäßig behütete. Jeden Tag brachte er ihn zur Schule und warnte ihn davor, den Stadtteil zu verlassen. Doch eines Tages hatten die beiden einen Streit, und der Sohn widersetzte sich den Warnungen seines Vaters – und wurde prompt gekidnappt. Darum musste der Vater seinen Sohn suchen gehen. Darum lernte er Freunde kennen. Darum lernte er sich selbst kennen. Darum lernte er, seine Ängste vor der großen Welt zu

---

14 Heute wird gerne gepredigt, dass in Organisationen der dritte Teil, die Festigung neuer Normen, nicht mehr stattfinden, sondern dass Veränderung zur ewigen Konstante werden muss. Agilität! Flexibilität! Unsere Gedanken dazu lesen Sie im Kapitel »C wie Continuation«.

15 Das englische Wort »pitch« bedeutet in diesem Fall anpreisen oder bewerben. Wie so viele englische Begriffe aus der Unterhaltungs- und Werbebranche handelt es sich um eine Baseballmetapher. Ursprünglich bedeutet »pitch« das Werfen eines Baseballballs.

überwinden. Und schließlich gelang es dem Vater, seinen Sohn zu finden und ihn zu befreien. Und beide sahen ein, dass Liebe nicht auf Kontrolle, sondern auf Vertrauen basiert. Erkennen Sie die Geschichte?[16] Was in diesem Schema neu dazukommt, ist eben das: das Neue. Der Samurai geht regelmäßig zur Toilette, seine Geschichte wiederholt sich täglich. Wirklich interessant – wirklich verändernd – wird es, wenn er mit etwas Fremdem konfrontiert wird und er sich in der Folge grundlegend verändern muss.

Am Anfang lernen wir die Protagonistin fast immer in einer ihr bekannten Lebenswelt kennen. Nemos Vater in seinem kleinbürgerlichen Riff, Dorothy aus *Der Zauberer von Oz* auf ihrem Bauernhof in Kansas oder die gelangweilte Bankmitarbeiterin Maria in einer Filiale in der Provinz. Doch eines Tages bricht das Neue über die Protagonistinnen herein: Der dunkle Ozean raubt dem Vater seinen Sohn, Dorothy wird von einem Wirbelsturm ins verwunschene Land von Oz geschleudert, und Maria erreicht das CEO-Memo zur neuen Digitalisierungsstrategie. Der Rest der Geschichte ist eine Verhandlung mit dem Neuen. Was uns zur wohl berühmtesten Story- und Veränderungsstruktur bringt.

Man riet ihm, es seinen Zeitgenossinnen gleichzutun und eine hochspezialisierte Doktorarbeit zu schreiben. Nur so würde er es in der Welt der Universitäten zu etwas bringen, nur so würde er die düstere Zeit der Wirtschaftskrise überstehen. Doch stattdessen beschloss der junge Amerikaner Joseph Campbell Ende der 1920er, sich in eine Blockhütte zurückzuziehen und einfach zu lesen, was ihn wirklich interessierte: Geschichten. Jahrelang vertiefte er sich in Mythen, Sagen, Märchen aus

---

16   Genau: *Findet Nemo.*

aller Welt. Er traf sich mit Anthropologinnen und Psychologinnen, verglich, verglich, verglich und kam allmählich einer Antwort zur anfangs beschriebenen Lieblingsfrage aller Storytelling- und Change-Interessierten auf die Spur – und zwar einer, die auf den ersten Blick weit über Aristoteles' Dreiklang hinausgeht.

Anfang der Fünfzigerjahre veröffentliche Campbell das bis heute viel zitierte Werk *Der Heros in tausend Gestalten.* Er beschreibt darin den Mono- oder Heldinnenmythos, eine archetypische Reise, welcher fast alle Heldinnen in der einen oder anderen Form folgen. Campbell nennt eine Vielzahl von Stationen dieser Reise – etwa den Ruf zum Abenteuer, die erste Schwelle, die Konfrontation mit einer göttlichen Kraft oder die magische Flucht nach Hause.[17] Im Kern geht es immer darum, dass eine Heldin in die Fremde zieht und sich auf Neues einlässt, um daran zu wachsen und zu ihrem wahren – oder ausgereiften – Ich zu finden.

Das Buch fand zunächst unter Fachkollegen Campbells großen Anklang. Doch Ende der Sechzigerjahre entdeckten es junge Filmemacher und nutzten es, um ihren Drehbüchern eine universelle Kraft zu verleihen. Unter seinem Einfluss entstanden Rekorde brechende Filme wie *Star Wars, Indiana Jones* oder *Apocalypse Now.* Heute gehört der Heldinnenmythos zur Entertainmentindustrie wie Micky Maus zu Disney.

Auch umtriebige Werberinnen, Kommunikationsexpertinnen und Change-Gurus predigen den Heldinnenmythos längst als Hausmittel für alles. Das Team tut sich schwer mit dem Projekt? Framen wir es als Heldinnenreise! Doch die auf den ersten Blick willkürlich aneinandergereihten Etappen und deren Vielzahl (im Original sind es 17 Stationen)

---

17 Auch nachzulesen in unserem Buch *Reframe it!.*

verleiten dazu, Campbells Modell wie ein Malen nach Zahlen zu verwenden und es über Inhalte oder Projekte zu stülpen wie eine Pelerine über den bereits tropfnassen Kindergärtner.

Zugang zu einem tieferen, psychologischeren Verständnis des Heldinnenmythos schafft eine vereinfachte Form, die auf den von vielen Serienfans gefeierten Drehbuchautor Dan Harmon zurückgeht, bekannt für die Erwachsenen-Schulkomödie *Community* und die durchgeknallte Trickfilmserie *Rick and Morty*.

Genau wie Campbells Original beginnt auch Harmons Modell mit einen aus zwei Teilen bestehenden Kreis. Die obere Hälfte repräsentiert die vertraute Welt: das Riff, den Bauernhof, die Welt der physischen Filialen und analogen Bankdienstleistungen. Die untere Hälfte repräsentiert die Fremde: den Ozean, das fremde Land von Oz, die Digitalisierung.

Dann viertelt Harmon den Kreis mit einer vertikalen Linie – was wiederum das Aufhänger-Problem-Lösung-Konklusions-Schema in Erinnerung ruft. Das erste Viertel repräsentiert die vertraute und alte Welt. Im zweiten Viertel verlässt die Heldin ihr Zuhause, um sich einem Problem zu stellen. Im dritten löst sie es und nimmt die damit einhergehenden Opfer in Kauf. Im vierten kehrt sie zurück, geläutert, verändert und fähig, auch ihr altes Zuhause in ein neues zu transformieren.

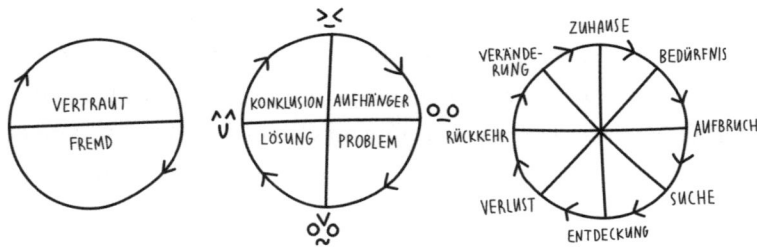

Und schließlich teilt Harmon die Reise in acht Stufen ein. Wie ein Uhr-zeiger wandert die Protagonistin dann vom Bekannten in die Fremde und wieder zurück:

1. **Zuhause:** Die Geschichte beginnt mit einer Heldin in ihrer mehr oder minder komfortablen Lebenswelt. Luke Skywalker aus *Star Wars* etwa langweilt sich auf seiner Farm in der Wüste (siehe auch »C wie Character«).

2. **Bedürfnis:** Unvermittelt bricht das Fremde in die bekannte Welt hin-ein. Luke ereilt ein Hilferuf einer entführten Prinzessin aus einem weit entfernten Sonnensystem.
   Im Normalfall sträuben sich die Protagonistinnen zuerst gegen den Ruf zum Abenteuer. Zu viel zu tun. Nicht mein Krieg. Moderner Un-sinn. Doch dann ringen sie sich dazu durch, das Wagnis einzugehen und ihren Horizont buchstäblich zu erweitern (siehe auch »C wie Chase, Call und Cause«).

3. **Aufbruch:** Die Protagonistin übertritt die Schwelle zur fremden Welt. Jetzt gibt es kein Zurück mehr. Es ist ein Aufbrechen in zweifacher Hinsicht – der Start des Abenteuers, aber auch das Aufbrechen alter Strukturen. Luke Skywalker fliegt mit einem Raumschiff ins All, und damit beginnt auch eine Reise in die psychische Tiefe (siehe auch »C wie Camino« und »C wie UnConscious«).

4. **Suche:** Die Protagonistin macht sich mit dem fremden Land vertraut, lässt sich spielerisch auf das Neue ein. Gleichzeitig muss sie alte Ge-wohnheiten ablegen. In der Wildnis gibt es weder Colaautomaten noch

Toilettenpapier. Es folgen erste Herausforderungen, Wegelagerinnen oder kleinere Monster. Oft ist der Suchen-Teil auch eine Zeit des Trainings. Luke Skywalker beispielsweise übt mit seinem Mentor Obi-Wan Kenobi den Umgang mit dem Laserschwert (siehe auch »C wie Challenge«).

5. **Entdeckung:** Die Protagonistin hat den entferntesten Punkt ihrer Reise erreicht. Im tiefsten Inneren. Es ist ein Ort der Offenbarung, wo die Heldin das findet, was sie sucht. Im Falle von *Star Wars* gelingt es Luke, die Prinzessin aus dem Bauch des »Todessterns« zu befreien.

6. **Verlust:** Die Heldin ist im dritten Quadranten angelangt. Sie reagiert nun nicht mehr einfach auf das Fremde, sondern ist aktiver Teil der neuen Welt geworden. Doch dafür zahlt die Heldin einen hohen Preis. Sie kann im Neuen nur aufgehen, wenn sie Vergangenes loslässt. Luke Skywalker muss seinen Mentor Obi-Wan Kenobi seinem Schicksal überlassen. Und damit stirbt auch Lukes unschuldiges, kindliches Ich. Er ist jetzt selbst verantwortlich für sein Leben (siehe auch »C wie Crisis«).

7. **Rückkehr:** Die Heldin kehrt in ihre alte Lebenswelt zurück. In manchen Geschichten wird das schnell erzählt – man nennt das dann auch »magische Flucht«. In *Der Herr der Ringe* kommen Frodo bei der Flucht vom Schicksalsberg Adler zu Hilfe. (Wieso konnten sie Frodo nicht auch hinbringen? Eine Frage, der sich wahrscheinlich etwa zehn Prozent aller Internetforen widmen.) In *Der Zauberer von Oz* muss Dorothy nur ihre Absätze gegeneinanderklopfen, und schon ist sie wieder zu Hause. In anderen Geschichten ist die Rückkehr von Stra-

pazen geprägt. Luke Skywalker und seine Kameradinnen etwa werden von feindlichen Raumschiffen verfolgt.

8. **Veränderung:** Die Protagonistin ist zu Hause angekommen. Als Veteranin ist ihr das Vertraute fremd geworden. Gleichzeitig erweist sie sich als Brückenbauerin. Sie ist jetzt »Herrin zweier Welten«. Luke Skywalker hat sich mit der »Macht« vertraut gemacht. Jetzt ist er imstande, die Raumstation des bösen Imperiums anzugreifen und zu zerstören.

Und der Clou ist: Die Heldinnenreise funktioniert nicht nur auf der Ebene der Akteure, sondern auch auf der ganzer Systeme. Besagte Traditionsbank zum Beispiel:

- Der Status quo ist der einer auf analoge Finanzdienstleistungen ausgerichteten Organisation in einer komfortablen Lage (**Zuhause**).

- Doch dann brechen eine neue Technologie und entsprechende Konkurrentinnen in deren Welt hinein (**Bedürfnis**).

- Das System bekommt erste Risse. Auch wenn es sich die alten Managerinnen wünschen, gibt es jetzt kein Zurück mehr (**Aufbruch**).

- Es wird experimentiert und pilotiert. Einige Abteilungen machen erste Gehversuche mit digitalen Produkten (**Suche**).

– Diese tragen Früchte. Es entsteht Momentum. Das Digitale nimmt überhand **(Entdeckung)**.

– Schwerzen Herzens wird beschlossen, physische Filialen aufzugeben, die verbleibenden Scheckbücher einzustampfen und vielleicht sogar Menschen zu entlassen **(Verlust)**.

– Und schließlich kehrt eine neue Normalität ein **(Rückkehr)**. Das System hat sich nicht nur verändert, es hat auch gelernt, wie das geht **(Veränderung)**.

Die »Heldinnenreise« ist ein Kreislauf, ein Tanz zwischen dem Alten und Neuen, der sich immer und immer wieder wiederholen darf und so Aufbrechen, Veränderung, Loslassen und Fortschritt vorantreibt. Sie folgt dem gleichen natürlichen Rhythmus wie die vier Jahreszeiten, der Kreislauf des Lebens oder der Gedanke von Tod und Auferstehung.

Sie zeigt uns, dass sich die vertraute Welt nur über den Umweg durch die fremde, tiefe, fluide Welt verändern lässt. Nemo und sein Papa mussten den Umweg über den Ozean nehmen, um ihre Beziehungsprobleme zu lösen. Luke Skywalker musste zuerst einen inneren Reifeprozess durchlaufen, bevor er bereit war, die Weltraumstation anzugreifen. Und auch Psychotherapien, in welchen die Klientinnen tief in ihr Unbewusstes eintauchen, oder Restrukturierungen von Großunternehmen folgen derselben archetypischen Struktur.

Die Schriftstellerin Susan Sontag schrieb einmal, dass es die Aufgabe von Erzählerinnen sei, ihre Leserinnen über eine Schwelle zu tragen und sie so an einen Ort zu bringen, wo sie noch nicht waren. Die Struktur der Heldinnenreise hilft ihnen, genau das zu tun.

Auch wenn wir es uns noch so sehr wünschen: Die Mitte lässt sich nicht einfach überspringen. Die Heldinnenreise zeigt, dass Veränderung nicht durch die reibungslose Ablösung des Alten durch das Neue, eines Pols durch einen anderen, einer These durch deren Antithese passiert, sondern eben durch die Synthese des Alten und des Neuen, durch die Verhandlung. Doch mehr dazu im Kapitel »C wie Contrast«.

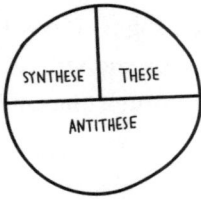

EIN BEISPIEL

Schauen Sie sich einmal den großartigen Apple-Werbespot »HomePod. Welcome Home« von Spike Jonze auf Youtube an. Erkennen Sie die Heldinnenreise wieder?

KERNPUNKTE UND ANWENDUNGSIDEEN

Story

- Nutzen Sie etablierte Grundstrukturen, um schneller bessere Geschichten zu skizzieren. Zum Beispiel:
  - Anfang, Mitte, Ende
  - Aufhänger, Problem, Lösung, Konklusion
  - Es war einmal … Jeden Tag … Eines Tages … Darum … Und darum … Und darum … Bis endlich …
  - Zuhause, Bedürfnis, Aufbruch, Suche, Entdeckung, Verlust, Rückkehr, Veränderung

Kommunikation

- Framen Sie Ihre Botschaften anhand besagter Strukturen.
- Nutzen Sie diese auch als Metaphern, um der Angst vor Wandel zu begegnen: Es ist der natürliche Lauf der Dinge. Lassen wir uns darauf ein.

Change

- Veränderung bedeutet verflüssigen, umformen, verfestigen (immer wieder aufs Neue).
- Veränderung bedeutet Lösungen für Probleme finden.
- Veränderung bedeutet aufbrechen, experimentieren, entscheiden, loslassen und Altes mit Neuem verbinden.

C WIE CAUSALITY

Darum und darum und darum

Die erstaunlich unterhaltsame Netflix-Serie *You* handelt von einem Bücherwurm, der sich immer wieder dazu hinreißen lässt, Frauen zu verfolgen, einzukerkern oder umzubringen. Doch da die Geschichte aus der Perspektive des Täters erzählt wird, scheint das alles irgendwie Sinn zu machen. Vielmehr noch: Man nimmt den jungen Mann als sympathisches Opfer der Umstände wahr. Die wahren Täter sind die anderen: die Frauen, die ihn nicht lieben. Die Reichen und Schönen, die ihn nicht ernst nehmen. Und reden wir gar nicht erst von seiner Mutter.

Doch nicht nur das Gehirn von Psychopathen stellt sicher, dass alles zusammenpasst. Glaubt man der Neurowissenschaft, befindet sich irgendwo in der linken Gehirnhälfte aller Menschen eine Art Erzählerin, welche die chaotischen Signale, die von außen in unsere Schädel dringen, zu einem kausal zusammenhängenden Ganzen spinnt. Wie eine Hohepriesterin hilft sie uns, Sinn im Unsinn zu finden, Schicksalsschläge als notwendiges Übel zu verstehen und die Wirksamkeit unserer Handlungen – um es ganz offen zu sagen – zu überschätzen.

Dies zeigt eine Reihe eindrücklicher Experimente.

In drei kurzen Filmsequenzen kombinierte der russische Filmemacher Lev Kuleshov Anfang des 20. Jahrhunderts jeweils dieselbe Aufnahme eines reglosen Mannes mit jener einer Portion Essen, einer hübschen Frau oder der eines Kindersarges. Als er die drei Filme einem Testpublikum vorführte, pries dieses die genialen Schauspielkünste des Mannes. Sie waren überzeugt, jede Sequenz zeige eine andere Aufnahme des Mannes. In der

Sequenz mit dem Essen glaubten sie, Hunger in den Augen des Mannes zu erkennen, in jener mit der Frau Lust und jener mit dem Kindersarg Trauer (der Typ aus *You* hätte wahrscheinlich andere Zuordnungen getroffen). Den Großteil der Geschichte erzählten also nicht die Filmsequenzen, sondern die Erzählerinnen in den Gehirnen der Zuschauerinnen.

Ein nicht minder aufsehenerregendes Experiment gelang den beiden Neurologen Roger Sperry und Michael Gazzaniga. Sie arbeiteten mit Probandinnen, deren Gehirnhälften aus medizinischen Gründen getrennt werden mussten (etwa zur Abschwächung von epileptischen Anfällen). Im Wissen, dass sich besagte innere Erzählerin in der linken Gehirnhälfte befindet, gaben sie der rechten Hälfte einen elektrischen Impuls, damit die Person aufstand und im Raum herumlief. Und jetzt kommt der Clou: Als man sie darauf fragte, warum sie aufgestanden sei, antwortete sie, sie wolle zum Getränkeautomaten, um eine Cola zu kaufen. Die innere Geschichtenerzählerin erfand ad hoc eine kausal zusammenhängende Geschichte, damit die Handlungen ihres Menschen Sinn machten.[18]

Einen der Gründe für diese sogenannte Causality Bias – die Kausalitätsverzerrung – sehen Wissenschaftlerinnen darin, dass Kausalität glücklich macht. Sie tut dies auf zwei Arten.

Erstens freuen sich die meisten Menschen darüber, wenn Umstände oder Vorfälle nahtlos zusammenpassen. Dies bedeutet, dass ihre inneren Erzählerinnen die Arbeit auslagern dürfen und sich ausruhen können. Denn das menschliche Gehirn ist ein Faulpelz, weshalb es kohärente Informationen auch besser bewertet als lose zusammenhängende.

---

18 Die bereits von Sigmund Freud beschriebenen Rationalisierungen im Zuge von Experimenten mit posthypnotischer Suggestion sind ein weiteres und ganz ähnliches Beispiel für die Konstruktion von Kausalität – vgl. Sigmund Freud, *Die Traumdeutung, Gesammelte Werke* Bd. II/III, Frankfurt am Main 1961, S. 153.

Dies zeigt sich zum Beispiel in der Politik. In seinem lesenswerten Buch *The Art of Political Storytelling* schreibt Philip Seargeant: »Verliererinnen-kampagnen sind ein Kuddelmuddel von unzusammenhängenden Ideen und nicht zu vereinbarenden Informationen. Gewinnerinnenkampagnen ›schaffen eine narrative Architektur, die alles zu einem bedeutungsvollen und kohärenten Ganzen verknüpft.‹«[19]

Auch Hollywoodfilme sind heute so geschrieben, dass jedes einzelne Wort und jede Handlung Teil der Kausalitätskette sind. Erzählt der Radio-moderator in der ersten Szene etwas von untypischen Wetterkapriolen? Im Showdown wird's stürmisch. Verliert die Heldin irgendwann einen Schlüssel? Oh, oh, das wird sich später noch rächen. So werden selbst wilde Actionfilme zu harmonisch-symphonischen Einheiten, die sich einfach gut anfühlen.

Besagte Serie *You* folgt dem gleichen Regelwerk, jedoch mit einer Prise Selbstironie. In einer Szene findet der Antiheld eine Pistole und fragt sich: Heißt das jetzt, dass die Pistole auch irgendwann abgefeuert werden muss? Er spielt auf »Tschechows Gewehr« an, die Urregel geschichtlicher Kausalität. Sie geht auf den russischen Dramatiker Anton Tschechow zurück, der schrieb: »Man kann kein Gewehr auf die Bühne stellen, wenn niemand die Absicht hat, einen Schuss daraus abzugeben.« Alles, was die Geschichtenerzählerin pflanzt, muss sie auch ernten.[20]

Zweitens macht es Menschen glücklich, wenn sie die Wirksamkeit – also die Kausalität – ihrer eigenen Handlungen spüren. Erfolgreiche Unternehmerinnen gelten als die glücklichsten Menschen der Welt. Doch der

---

19 Philip Seargeant, *The Art of Political Storytelling*, London 2020, S. 61. Übersetzung und Hervorhebung durch die Autoren. Seargeant zitiert den US-amerikanischen Politikberater Mark McKinnon.

20 Eine Art Gegenstück zu Tschechows Gewehr ist der sogenannte rote Hering, der die Leserin auf eine falsche Fährte lockt.

Grund liegt nicht im Reichtum, der sich mit unternehmerischem Erfolg einstellt, sondern in der Tatsache, dass Unternehmerinnen die Resultate ihrer Handlungen direkter spüren als andere.[21] Aber natürlich hat die innere Erzählerin auch hier ihre Finger im Spiel. Unser Gehirn tendiert dazu, Erfolge den eigenen Handlungen und Misserfolge den äußeren Umständen zuzuschreiben. Gute Quartalszahlen? Gute CEO. Schlechte Quartalszahlen? Miese Wirtschaftslage.

Auch im Falle von Geschichten identifizieren wir uns am liebsten mit jenen Heldinnen, die aktiv ins Geschehen eingreifen und »Wirksamkeit entfalten«. Ihnen gelingt das, wovon die meisten träumen: sichtbare, langfristige Veränderung – und so mit der Umwelt in Verbindung zu treten oder diese gar zu beherrschen (siehe auch »C wie Character« und »C wie Comparison«).

Kohärenz und Wirksamkeit sind also die Schlüsselzutaten guter Geschichten. Somit sollten nicht nur erfolgshungrige Autorinnen einem »Darum und darum und darum«-Schema folgen und ihre Protagonistinnen als aktive Akteurinnen gestalten. Auch die »Realitätsgestalterin« (was für ein Wort ...) muss sicherstellen, dass ihr Vorhaben erstens kohärent und nachvollziehbar ist und zweitens allen Beteiligten das Gefühl vermittelt, aktiv mitwirken zu können (siehe auch »C wie Co-Creation«).

Doch der menschliche Wunsch nach Kausalität ist nicht ungefährlich. Anhängerinnen von Verschwörungstheorien etwa versuchen oft, eine

---

21 Auf dieser Erkenntnis baut die in diesem Buch mehrmals erwähnte Unternehmertum-Theorie »Effectuation« auf. Sie stellt die Frage ins Zentrum, wie Unternehmerinnen ihren »Effekt« auf ihre Umwelt maximieren können. Übrigens ist es wohl kein Zufall, dass der Satz »You can only connect the dots backwards« – Man kann die Punkte nur im Nachhinein verbinden – von einem der berühmtesten Unternehmer überhaupt stammt: dem Apple-Gründer Steve Jobs.

versteckte Kausalität im Chaos zu entdecken, auch wenn sie dafür Menschen, Wesen oder gar Objekten Absichten unterstellen müssen (siehe auch »C wie Character«). Der Autor und Comiczeichner Alan Moore schrieb: »Die Verschwörungstheoretikerin glaubt an die Verschwörung, weil diese beruhigend auf sie wirkt. Aber in Wahrheit ist die Welt chaotisch. In Wahrheit sind es nicht die Illuminati, nicht die jüdische Bankenverschwörung, nicht die grauen Aliens. Die Wahrheit ist viel furchteinflößender – niemand sitzt an den Hebeln der Macht. Die Welt ist ruderlos.«[22]

Damit lassen wir Sie jetzt mal einen Moment alleine.

EIN BEISPIEL

So was hat Anna Sätzler in all den Jahren als Oberkommissarin im Dezernat für Wirtschaftskriminalität noch nie erlebt. Stefan Tanner, gefallener Star der Start-up-Szene, ist wie vom Erdboden verschluckt. Ein letztes Mal wühlt sich Anna durch ihre Unterlagen. Dabei wartet zu Hause ihr Mann Richard auf sie. Es ist ihr dreißigster Hochzeitstag.

Stefan Tanner. Noch während des Wirtschaftsstudiums gründete er mit Dotconnect eine internationale Organisation für Mikrokredite. Egal ob Wirtschaftsbosse, Politgrößen oder akademische Schwergewichte: Alle wollten sie Tanner in seinem Unterfangen unterstützen, die Welt zu verändern – statt von ihren samtbezogenen Logenplätzen aus zuzuschauen, wie sie zugrunde geht. Schon interessant, denkt sich Sätzler: Dank Tanners Zuversicht, er könne was bewirken, konnte er was bewirken.

---

22 Alan Moore, The Mindscape of Alan Moore (Film), 2003. Übersetzung durch die Autoren.

Nach einem erfolgreichen Doktorat in Spieltheorie folgte der nächste Streich: Tanner gründete F-Act, die weltweit erste Firma für ausschließlich grüne Investitionen. Anfangs hielt sich der Erfolg in Grenzen. Wer will sein mühsam geerbtes Geld schon in Solarpanel-Start-ups und Fair-Trade-Kaffeeplantagen investieren? Doch dann besann sich Tanner auf sein altes Erfolgsrezept: *Wirksamkeit sells.* Sein Team änderte die Kommunikationsstrategie. Aus dem ROI – dem Return on Investment – wurde der IOI – der Impact of Investment. Jeder investierte Cent wurde mit einer Geschichte belohnt: hier ein lachendes Mädchen, dort ein begrüntes Stück Wüste. Plötzlich wollten sie alle in Tanners Fonds investieren: Banken, Pensionskassen, aber auch »gut kapitalisierte« Privatpersonen aus aller Welt (Sätzler hat gelernt: »Reich« darf man heute aus Gründen der Political Correctness nicht mehr sagen).

Es ging lange gut. F-Act wuchs, blühte – und begann zu wuchern. Mit dem riesigen Erfolg entglitten Tanner die Fäden seines eigenen Narrativs. Die Kriterien der Nachhaltigkeit wurden verwässert. Die Konkurrenz holte auf. Doch damit nicht genug: F-Act entpuppte sich als riesiges Schneeballsystem, das bald genauso wegschmolz wie die Gletscher, die Tanner zu retten versuchte.

Bis heute ist sich Sätzler nicht sicher, ob die dubiosen Machenschaften Grund oder Resultat des riesigen Erfolgs von F-Act waren. Doch in jedem Fall blieb am Ende ein Scherbenhaufen übrig. Bankrotte Kleinunternehmen rund um die Welt, beschämte Investoren und ein Tanner, der auf siebzehn internationalen Fahndungslisten steht. Wo steckt er nur? Egal, denkt sich Sätzler. Immerhin hat es der junge Mann versucht. Sie schiebt den Tanner-Ordner ins Archivfach, fährt ihren Computer herunter und löscht die schummrige Schreibtischlampe.

Zu Hause wartet Richard auf sie. Er war zwar zwischenzeitlich einge-
nickt, doch die Lasagne im Ofen ist noch immer warm und saftig. Beim
Essen überreicht er ihr das Jubiläumsgeschenk. Eine Reise nach Indien.
Davon träumen sie seit dreißig Jahren.

Im Ashram angekommen, welcher Richard von einem Arbeitskolle-
gen empfohlen wurde, werden sie von einer bayrischen Blondine mit
einem roten Punkt zwischen den Augen begrüßt. »In zwei Wochen werden Sie die Welt mit anderen Augen sehen«, verspricht sie. »Alles wird
zusammenpassen. Alles wird Sinn machen. *Sie* werden Sinn machen!
Für all das wird Guru Tanno sorgen.«

KERNPUNKTE UND ANWENDUNGSIDEEN

Story
– Gute Geschichten folgen dem Schema »Darum und darum und darum«.
– Positiv bewertete Protagonistinnen greifen aktiv ins Geschehen ein.

Kommunikation
– Erzählen Sie kausal zusammenhängende Geschichten.
– Nutzen Sie den Wunsch jeder Person, positive Wirksamkeit zu entfalten.

Change
– Glauben Sie an die Wirksamkeit Ihres Vorhabens …
– … aber vergessen Sie niemals: Das Terrain ist komplexer als die Landkarte.

42

C WIE CHARACTER

Du sollst dir ein Bildnis machen

Kein Satz ohne Subjekt, keine Geschichte ohne Protagonistin. Fast jedes Sachbuch zum Thema Storytelling befasst sich denn auch ausführlich mit dem Thema »Charaktere«. Für *Change it!* haben wir die für die Gestaltung von Fiktionen und Realitäten relevanten Punkte destilliert.

DER MENSCH IST DES MENSCHEN HELD

Wie bereits im Kapitel »C wie Causality« beschrieben, sitzt im Gehirn jedes Menschen eine Art Erzählerin, die dessen Sinneswahrnehmungen zu einer Geschichte spinnt. Eines der Instrumente dieser Erzählerin ist das »Heromaker-Brain«.[23] Dieses überzeugt uns tagein, tagaus, dass wir die Heldin unserer eigenen Geschichte sind, die Hauptdarstellerin, die gegen fremde Mächte antritt.

Und so falsch ist das nicht. Jedes Baby vollbringt eine mutige Tat nach der anderen. Es zwängt sich durch den Geburtskanal, löst sich von seiner Mutter und lernt, auf eigenen Beinen zu stehen. Das ganze Leben ist eine Heldinnenreise (siehe auch »C wie Construction«). Doch geht es nach der inneren Erzählerin, ist die Rolle der Heldin hochexklusiv. Niemand sonst verfügt über ein »Heromaker-Brain«. Die anderen dür-

---

23 So nennt es Will Storr, Autor des schönen Buches *The Science of Storytelling*.

fen froh sein, überhaupt eine Nebenrolle in meinem Epos ergattert zu haben![24]

Folglich identifizieren wir uns automatisch mit Heldinnen. Egal ob Wonder Woman oder Venus Williams: Ihnen fühlen wir uns näher als der langweiligen Nachbarin.

Und es braucht viel, damit das Heromaker-Brain bei einem Menschen nicht mehr funktioniert. Selbst Adolf Hitler, verantwortlich für einen der größten Genozide in der Geschichte der Menschheit, war der Meinung, die Welt sei ihm zu Dank verpflichtet. Seine Erzählerin hatte es geschafft, ihm bis zum Ende vorzugaukeln, er hätte eine Bürde auf sich genommen, um die Welt von einem Übel zu befreien.

DUNKLE PFERDE UND UNTERHUNDE

Um die Gunst des Publikums zu gewinnen, reicht es nicht, einfach stark zu sein und ständig zu gewinnen. Damit eine Verbindung zwischen Zuschauerin und Protagonistin entsteht, muss letztere auch Schwächen zeigen. Besagte innere Erzählerin steht in Konkurrenz mit anderen, von weniger Selbstvertrauen gesegneten Stimmen: der inneren Richterin, der Zweiflerin, der Machtlosen. Auch sie wollen sich in Geschichten wiederfinden.

Nicht zuletzt deshalb lieben wir »Dark Horses« – Teilnehmerinnen an einem Wettbewerb, über die nichts oder nur wenig bekannt ist – oder

---

24 Wie Will Storr in *The Science of Storytelling* berichtet, wurde in einer Studie nachgewiesen, dass Mitarbeitende ihre eigene intrinsische Motivation (zum Beispiel, die Welt zu einem besseren Ort zu machen) immer als sehr hoch einstufen, jedoch der Meinung sind, dass ihre Kolleginnen nur von ehrlosen extrinsischen Faktoren wie Geld getrieben seien (siehe auch »C wie Chase, Call und Cause«).

»Underdogs«. Niemand kennt sie, niemand glaubt an sie, und am Ende machen sie doch das Rennen. Davids, die gegen die Goliaths dieser Welt siegen, oder Han Solo, der Revolverheld aus *Star Wars*, der immer wieder betont, niemand solle ihm seine Erfolgschancen vorrechnen. Es weiß genau, wie schlecht seine Karten stehen, und am Ende schafft er es doch, sein Raumschiff schadlos durch einen Asteroidenschauer zu navigieren. Vor allem in der Politik ist der Underdog-Trick sehr beliebt. Donald Trump, der ehemalige Präsident der USA, beispielsweise präsentiert sich immer wieder als Außenseiter, der es mit dem übermächtigen »Establishment« aufnimmt.

BÖSEWICHTE, MENTORINNEN UND ENTFÜHRTE PRINZEN

In unserem Buch *Reframe it!* haben wir das recht einfache Modell der achteinhalb Charakterrollen vorgestellt. Es besagt, dass gute Geschichten oft auf dieselben Rollenarchetypen zurückgreifen. Dazu gehören nebst der Protagonistin unter anderem die Antagonistin, die Gefährtin oder die Mentorin, die ihre eigene Heldinnenreise bereits hinter sich hat und deshalb wertvolle Tipps bereithält.

Auch wenn es darum geht, Geschichten für Veränderungszwecke zu instrumentalisieren – sei dies in der Politik, in großen Unternehmen oder im Privatleben –, lohnt es sich, auf der gesamten Klaviatur dieser Charakterarchetypen zu spielen. Die Beteiligten sind nicht nur Protagonistinnen. Es reicht nicht, wenn der Change-Coach das Team auf eine Heldenreise in den Seilpark einlädt oder der Fitnessguru Valerie anschreit, sie solle Verantwortung für ihre eigene Geschichte übernehmen (»Wer spielt die

Hauptrolle, Valerie? DU spielst die Hauptrolle!! Und jetzt ran an die Hantel!«). Manchmal muss das Heromaker-Brain eine Pause einlegen und anderen Archetypen die Bühne überlassen. Beispielsweise trägt auch die Rolle des Behinderers oder Störers zum Erfolg von Veränderungsprozessen bei. Erinnern Sie sich an *Der Herr der Ringe*? Die Hobbits wollen den armen Gollum, das Ring-süchtige Froschwesen, dauernd abmurksen. Doch der weise Zauberer Gandalf gebietet Einhalt. Ihn beschleicht das Gefühl, selbst Gollum werde letztlich eine wichtige Rolle im Kampf gegen das Böse spielen.

Oder Batman: Am Ende von *The Dark Knight* nimmt er die Schuld am Tod des beliebten Stadt-Reformers Harvey Dent auf sich – obwohl dieser durchgedreht war und Opfer seines eigenen Amoklaufs wurde. Denn käme die Wahrheit ans Licht, würde dies den Glauben der Bevölkerung an das Gute erschüttern, was fatale Folgen hätte. So wird Batman zu dem »Helden«, den die Stadt braucht, und nicht zum Helden, der er gerne wäre.

Aus der Psychologie ist bekannt, dass auch der Mentorinnen- oder Beraterinnenhut Menschen über sich hinauswachsen lässt. Statt einer vermeintlich unterqualifizierten Mitarbeitenden Rat zu erteilen, darf man den Spieß umdrehen und sie fragen: Was würdest du an meiner Stelle tun? Dies erhöht ihr Selbstwertgefühl, ihre Reflexionsfähigkeit und die von ihr wahrgenommene Wirksamkeit. Oder denken Sie an Sportmarken. Diese inszenieren sich längst nicht mehr selbst als Heldinnen. Nike ist nur die »Göttin« oder die Schutzpatronin ihrer Käuferinnen beziehungsweise Heldinnen.

Und wie wäre es mit der Rolle der Antagonistin oder des Bösewichts? Dick Cheney, einst mächtiger Vizepräsident der USA, hat immer wieder mit der Rolle Darth Vaders, dem Bösewicht aus *Star Wars*, kokettiert. Die

Tatsache, dass bei seinen Auftritten während der Zeit des Irakkriegs der »imperiale Marsch«, Darth Vaders musikalisches Thema, lief, empfanden viele als geschmacklos. Doch seine Basis jubelte.

Im organisationalen Kontext gilt dasselbe. In komplexen Verhandlungen muss jemand die Rolle des »Bad Cops« besetzen, und während Restrukturierungen kommt das Topmanagement nicht immer darum herum, als Antagonisten wahrgenommen zu werden.

Dann gibt es die Archetypen des »Veränderungs-Engels« und des »Veränderungs-Teufels«. Es handelt sich um Wesen, die zwar selbst keine Veränderung durchmachen, doch mit ihrer schieren Präsenz ihr Umfeld zu einem Umdenken herausfordern. Der Bär Paddington oder Mary Poppins verbreiten Freude und Optimismus. Der Joker oder Loki stürzen die Gesellschaft ins Chaos. Diese auch Trickster genannten Figuren sind essenzielle Katalysatoren von Veränderungsprozessen.

Und schließlich muss man sich schlicht mit Nebenrollen abfinden. Gute Teamplayerinnen wissen, wann sie die Führung und wann die Rolle der kühlen Kommentatorin (der »Logikerin«) oder des motivierenden »Sidekicks« übernehmen sollten. Sie wissen, wann sie auf den Prozess vertrauen dürfen (siehe auch »C wie Cut«).

Überlegen auch Sie sich, wann Sie (oder ein anderes Teammitglied) die Rolle der Behinderin, Störerin, der Schuldigen, des Bösewichts, der Trickserin oder schlicht einer unwichtigen Nebendarstellerin auf sich nehmen müssen, um Veränderung anzustiften.

WIR SIND VIELE

Vorsicht: Geschichten sind komplexe Systeme. Sie bestehen nicht nur aus Charakteren, sondern auch aus Beziehungen. Auch dafür existiert eine Vielzahl von Modellen und Denkstützen. Das Dramadreieck des Psychologen Stephen Karpman beispielsweise besagt, dass in vielen Zweierbeziehungen oft eine Person zum Opfer und die andere entweder zur Täterin oder Retterin wird. Oder das berühmte Vier-Rollen-Modell des Psychologen David Kantor – es unterscheidet zwischen vier Rollen, in welche Teammitglieder schlüpfen: Spielmacherin, Mitspielerin, Gegenspielerin und Beobachterin.

Die Menschen besetzen diese Rollen mit einzelnen Aspekten ihrer Persönlichkeit. Die Theorie der »Psychologie der inneren Teile« besagt, dass die Persönlichkeit jedes Menschen aus einer Vielzahl von Fragmenten besteht. Die Seele ist eine Art archaischer Klan, ständig um Entscheidungen ringend, die sich in unserem Verhalten widerspiegeln. Ein altes englisches Sprichwort besagt: It takes a village to raise a child – Es bedarf eines ganzen Dorfes, um ein Kind großzuziehen. Die Psychologie der Teile kehrt dies um: Es braucht ein Kind, damit ein (inneres) Dorf entsteht.

Geschulte Autorinnen bereisen dieses Dorf und lauschen seinen Bewohnerinnen. Auf die Frage, wie ihm seine genialen Dialoge gelingen, antwortete der Drehbuchautor und Regisseur Aaron Sorkin (bekannt für Filme wie *The Social Network* oder *Steve Jobs*), er fahre einfach mit dem Auto durch die Stadt und höre den Figuren in seinem Kopf beim Streiten zu.

Auch Therapeutinnen nutzen die Psychologie der inneren Teile. Die Klientin sagt zum Beispiel: »Ich fühle mich antriebslos und depressiv.« Darauf erwidert die Therapeutin: »Schließen Sie einmal die Augen und stellen Sie sich vor, Sie sind in einem Wartezimmer. Blicken Sie sich um.

Sehen Sie jemanden, der besonders niedergeschlagen wirkt?« Die Klientin sieht darauf in ihrer Fantasie eine verwahrloste Frau, die zusammengekrümmt in der Ecke liegt – das depressive »Fragment« in ihrer Psyche. Die Therapeutin begleitet ihre Klientin dann dabei, mit der Frau ins Gespräch zu kommen, ihr aufzuhelfen und sie vielleicht in den Arm zu nehmen. Der Anfang ist gemacht.

Und beim organisationalen oder gesellschaftlichen Wandel? Wie so oft beginnt es mit einer Einsicht: Den meisten Menschen wurde eine Rolle zugeteilt, doch dahinter verstecken sich Menschen, und hinter diesen Menschen verstecken sich ganze Dörfer. Finden Sie Wege, diese Dörfer zu infiltrieren und Veränderung anzustiften (siehe auch »C wie UnConscious«).

ALLES IST BESEELT

Ein böser Witz beschreibt die »Masche« der Trickfilm-Firma Pixar. *Toy Story:* Was wäre, wenn Spielsachen Gefühle hätten? *Findet Nemo:* Was wäre, wenn Fische Gefühle hätten? *Cars:* Was wäre, wenn Autos Gefühle hätten? *Alles steht Kopf:* Was wäre, wenn Gefühle Gefühle hätten? Und *Soul:* Was wäre, wenn Schwarze Gefühle hätten?[25]

Die Rolle der Protagonistin von Geschichten und Veränderungen ist nicht auf menschliche Individuen beschränkt. Das Gehirn liebt es, das innere Dorf über alles Mögliche in der Außenwelt zu stülpen. So werden auch Tiere, Objekte, Gruppen oder Konzepte schnell einmal zu personi-

---

25 Hoffentlich verstehen auch Sie diesen Witz nicht als rassistisch, sondern als Kritik am Zynismus und Opportunismus großer Firmen.

fizierten Akteurinnen von Geschichten. Für Firmen ist dies ein häufig genutztes Instrument. Die Organisation wird zur Heldin, die (diffuse) Konkurrenz zu Bösewichten oder die moderne Technik zur holden Prinzessin, welche es zu erobern gilt.

Der Animismus – die Weltansicht, dass alles beseelt ist – ist ein mächtiger Frame. Die Klimaforschung hofft, dass er die Menschen zum besseren Umgang mit dem Planeten anstiftet. Die Psychologie verspricht sich von ihm, sofern bewusst angewendet, einen liebevolleren Umgang mit sich selbst. Kinderkram und Voodoo? Mitnichten.

WER BIN ICH?

Den besten Tipp überhaupt für das Schreiben guter Geschichten hat unserer Meinung nach der amerikanische Autor Kurt Vonnegut gegeben: »Seien Sie eine Sadistin. Egal wie liebenswert und unschuldig Ihre Hauptcharaktere sind, tun Sie ihnen grauenvolle Dinge an – um herauszufinden, aus welchem Holz sie geschnitzt sind.«[26]

Bis jetzt haben wir über die Beschaffenheit von Menschen und ihren geschichtlichen Abbildern gesprochen. Doch wirklich spannend wird es, wenn Charaktere den Prüfungen des Lebens unterzogen werden. Nur so finden wir heraus, wer sie wirklich sind. Dies ist die zentrale Frage, die jede Geschichte vorantreibt. Wer ist dieser Mensch? Jede Reaktion auf ein Problem, einen Konflikt oder eine Chance schärft das Profil der Protagonistin. Jede Entscheidung, die sie trifft, gibt uns Einblicke in ihr inneres Dorf. Wie wird sich James Bond unter höchstmöglichem Druck verhal-

---

26 Kurt Vonnegut, *Bagombo Snuff Box*, New York 2000, S. 12. Übersetzung durch die Autoren.

ten? Wird er seine Freunde verraten? Wird er sich rächen? Wird er Milde walten lassen? Wer versteckt sich hinter dieser harten Schale? (Siehe auch »C wie Crisis«.)

Diese Fragen sind es, die uns Lesende davon abhalten, das Buch wegzulegen oder den Bildschirm auszustellen. Umso überraschender ist es, dass Führungspersonen sie nicht öfter stellen, um Anspruchsgruppen von Vorhaben zu überzeugen. Zum Beispiel das »Triell« zur deutschen Bundestagswahl im Spätsommer 2021: Weder die Kandidatin noch die Kandidaten haben einfach mal gefragt: Wer möchten wir als Nation sein?

Steven Spielberg spricht von einem den Charakter definierenden Moment, wenn Indiana Jones seine Angst überwindet und zur Erreichung seiner Mission ins Schlangenloch springt. Auch jede Unternehmensstrategie oder nationale Krise ist gespickt mit solchen Momenten, die unsere Teams, Firmen oder unsere Gesellschaft zu dem machen, was sie wirklich sind. Denken Sie bei Ihrer nächsten wichtigen Entscheidung an Batmans Worte: »It's not who we are underneath, but what we do that defines us.« Nicht das Gesicht hinter unserer Maske, sondern das, was wir tun, definiert uns. Wer sind Sie?

DAS WOLLEN UND DAS BRAUCHEN

Doch die Frage ist nicht nur: Wer ist die Protagonistin? Sondern auch: Wie verändert sie sich? Macht sie eine Ent- oder eine Verwicklung durch?

In *Change it!* interessiert uns vor allem die »heilsame« Geschichte. In dieser durchläuft die Leserin oder Zuschauerin zusammen mit der Protagonistin einen schwierigen, aber letztlich positiven Reifeprozess. Eine nützliche Denkstütze aus der Drehbuchindustrie ist das Modell des Wollens und Brauchens. In *Jerry Maguire* will Tom Cruise als ehrgeiziger Sport-agent vor allem mehr. Mehr Geld, mehr Ruhm, mehr Erfolg. Doch im Verlauf der Geschichte wird klar: Hinter der Fassade versteckt sich ein tiefer liegendes Bedürfnis nach (Selbst-)Liebe. Nur leider steht das Wollen dem Brauchen im Weg. Erst wenn Jerry lernt, seine alten Werte abzustrei-fen, sein »altes Ich« loszulassen, wird es ihm gelingen, zu seinem neuen »echten Ich« zu finden.

Dahinter liegt die in der Psychologie verbreitete Ansicht, der Mensch verbringe seine erste Lebenshälfte damit, charakterlichen Ballast zu sam-meln. Er ist zunächst nicht sein wahres Selbst, sondern das Produkt sei-nes Umfelds, eines Amalgams aus Eltern, Freunden und Liebschaften, und geprägt von der Gesellschaft als Ganzes. Es fällt ihm schwer, seine in-nere Welt von der äußeren zu trennen. Er vermischt Wahrgenommenes mit Erinnerungen und projiziert Vergangenes auf das Jetzt. Wie oft haben Sie schon Ihren Vater oder Ihre Mutter in Ihrer Partnerin wiedererkannt? Den Begriff der Individuation, der Prozess der »Selbstwerdung«, verbin-den viele mit dem Erwachsenwerden. Doch die wahre Selbstwerdung eines Menschen findet erst dann statt, wenn er den Mut aufbringt, auch seinen inneren Prägungen zu entwachsen und so – ganz ego-frei – zu sich selbst zu finden (siehe auch hier »C wie UnConscious«).

Viele archetypische Geschichten erzählen ebendies. Oft gehört dazu auch das Zurücklassen des physischen Zuhauses und die Reise in die Fremde. Erst dort, losgelöst und konfrontiert mit dem Andersartigen, findet die Protagonistin zu ihrem wahren Eigenen (siehe auch »C wie Construction« und »C wie Contrast«). Verdichtet – im doppelten Sinn – hat das Peter Schilling in seinem berühmten Popsong »Major Tom«:

Völlig losgelöst von der Erde
Schwebt das Raumschiff
Völlig schwerelos (…)
Unten trauern noch die Egoisten
Major Tom denkt sich:»Wenn die wüssten!«
Mich führt hier ein Licht durch das All
Das kennt ihr noch nicht, ich komme bald

Zeit für ein Fazit. »Du sollst dir kein Bildnis machen«, heißt es in der Bibel (und bei Max Frisch). Alternativ können Sie sich sehr wohl ein Bildnis machen, jedoch mit diesem Bildnis spielen, es aktiv gestalten und über die Zeit an neue Begebenheiten anpassen. Und Sie können sich der Tatsache bewusst sein, dass es sich eben nur um ein Bildnis und nur um ein Bildnis unter vielen handelt. Wer waren Sie, wer sind Sie, und wer sind Sie im Begriff zu werden?

EIN BEISPIEL

Niemand liebt Schweizer Wohnen, den seelenlosen Immobilienkonzern, von Mietern gehasst, von der Öffentlichkeit geschmäht und von den Mitarbeitenden allerhöchstens als Lohnzahler gebilligt. Ödon van Heinrich, der neue Strategiechef, soll das ändern. Er versammelt das Management zum Seminar auf dem schönen Säntis, der erhaben über der Ostschweiz thront, aber auch etwas verloren in der Landschaft steht.

Ödon startet mit der Gretchenfrage:»Wer sind wir, meine Damen und Herren?« und dreht nach einer Kunstpause das Flipchart um. Auf dem steht in roter Schrift:»Heute bin ich, *Schweizer Wohnen*, …«

Dank ein paar Flaschen Pinot noir aus der Region erwacht die Runde sogleich zum Leben. Post-its fliegen nur so durch den Raum. Die Immobilienspezialisten überbieten sich gegenseitig: Verschwiegen. Geradlinig. Getrieben! Geprägt von der Nahtod-Erfahrung in der Finanzkrise in 2008.

Susanne Fröhlich aus der Buchhaltung bringt die Diskussion mit ihrem Input auf eine neue Ebene: »Wisst ihr noch, wie ihr das mit dem Abriss des Studentenheims durchgezogen habt? Von den Zeitungen unter Beschuss, von Protesten heimgesucht – und trotzdem haben wir uns nicht beirren lassen. So sind wir!«

Felix Meier, verantwortlich für Sanierungen Westschweiz, nimmt den Ball auf: »Wir sind ein bisschen wie ein einsamer Actionheld, der Clint Eastwood unter den Immobilienkonzernen. Wir ziehen Dinge bis zum Ende durch, bleiben aber unseren Werten treu!«

»Genau«, ergänzt Susanne, »und unser einziger Wert ist: Wer den Rappen nicht ehrt, ist des Frankens nicht ...« Plötzlich stockt Susanne. Es wird still im Raum. Die einzigen Geräusche kommen von Felix, der versucht, einen Schluck Wein hinunterzuwürgen, sowie von den beiden Bergadlern, die über dem Seminarhotel kreisen.

Jetzt läuft's, denkt sich Ödon und klebt ein neues Post-it aufs Flipchart: »Was war Schweizer Wohnen früher – und was wollen wir in Zukunft sein?« Der Pinot noir fließt wieder, die Diskussion kommt in Gang.

Peter Müller, Leiter Geschäftsimmobilien, macht den Anfang: »Wir waren das Kind unserer Eltern – ein Start-up, finanziert von einem amerikanischen Investor, getrieben von schnellem Geld! Wir sind seit 2019 im Streubesitz – wir müssen uns nicht mehr nur von kurzfristigem Profit treiben lassen.«

Die Adjektive schwirren wieder durch die Gegend: vertrauensvoll, langfristig denkend, verlässlich! Am Ende des Seminartages liegen sich die Makler in den Armen und schwärmen von der neuen Schweizer Wohnen. »Nachhaltig und dem Gemeinwohl verpflichtet«, steht in großen Lettern auf dem Flipchart.

»Wir schaffen Wohnraum für alle Einkommensklassen, das muss unsere neue Vision sein«, fasst Müller die Diskussion zusammen und hebt sein Glas. »Zum Wohl!«

»Zum Gemeinwohl!«, ergänzt Susanne.

Zwei Monate später platzt die Immobilienblase, und Schweizer Wohnen wirft haufenweise zahlungsunfähige Eigenheimbesitzerinnen aus ihren Häusern. Meier und Müller unterschreiben mal wieder einen Zwangsräumungsauftrag. »Müssen wir machen, Peter, sonst wäre der Jahresgewinn in Gefahr«, meint Felix schulterzuckend. »Immerhin sichern wir mit dem Bonus *unser* langfristiges Wohl.«

Peters leises Kichern nimmt Ödon im Büro nebenan kopfschüttelnd zur Kenntnis. »In der Krise zeigt sich der wahre Charakter«, denkt er sich, schickt seine Kündigung-E-Mail ab und freut sich auf seine neue Stelle als Alpwirt.

KERNPUNKTE UND ANWENDUNGSIDEEN

Story
- Jeder Charakter – inklusive des Bösewichts – ist die Heldin ihrer eigenen Geschichte.
- Heldinnen, mit denen wir uns identifizieren sollen, brauchen Schwächen, Ängste, Geheimnisse und Erfolgschancen.
- Die wichtigsten Charakterarchetypen sind die Protagonistin, die Antagonistin, die Gefährtin, die Störerin, die Mentorin, die Emotionale, die Logikerin, die Skeptikerin und der »Love Interest«.
- Die Schlüsselfrage jeder Geschichte ist: Wer ist die Protagonistin? Wie verändert sie sich?
- Für Autorinnen sollten Charaktere wie Geschwister sein. Sie sollten sie lieben, aber auch bereit sein, sie richtig fies zu behandeln. Glauben Sie: Wir wissen, wovon wir sprechen.

Kommunikation
- Nutzen Sie geschichtliche Charaktere als Metaphern für eine Organisation oder für die Gesellschaft als Ganzes.
- Appellieren Sie an das Heromaker-Brain Ihrer Zielgruppe ...
- ... und an dessen Liebe für Underdogs.
- Spielen Sie auf der ganzen Klaviatur der Charakterarchetypen: Bösewichte, Trickster, Nebenrollen und so weiter.
- Fragen Sie: Wer sind wir? Zum wem wollen/müssen/können wir werden?

Change
- Appellieren Sie an den Heldenmut Ihrer Mitstreiterinnen und framen Sie Ihr Vorhaben entsprechend.
- Integrieren Sie Vorbehalte und Ängste in die Geschichte. Auch Indiana Jones hatte keine Chance – eigentlich.
- Change-Geschichten bestehen aus mehr als Heldinnen. Wer hat welche Rolle inne ...
- ... und wer sind wir? Wer möchten wir sein? Stellen Sie diese Frage bei schwierigen Entscheidungen.
- Und denken Sie wie eine Unternehmerin: Lassen Sie los, um Neues zu entdecken.

C WIE CHASE, CALL UND CAUSE

Drachen, Prinzessinnen und das innere Licht

Wissen Sie, was der am häufigsten genannte Grund ist, weshalb sich Menschen morgens aus dem Bett zwingen? Genau: Druck auf der Blase. Fragen Sie hingegen Kinder, kriegen Sie andere Antworten. Zum Spielen! Um Cartoons zu schauen! Und dann gibt es Menschen, die um drei Uhr morgens aufstehen, lange bevor sich ihre Blase meldet, um an ihrer Erfindung zur Verbesserung der Welt zu schrauben.

Die Erwachsenen-, die Kinder- und die Verrücktenperspektive geben einen Hinweis auf drei zentrale Auslöser von Veränderung. Der erste ist der Druck (Chase), der zweite der Sog (Call), der dritte der innere (An-) Trieb (Cause).

Der Druck kommt von hinten. Der berühmte Change-Forscher John P. Kotter spricht vom Sense of Urgency, vom Dringlichkeitssinn. Was müssen wir verhindern? Worauf gilt es zu reagieren? Was ist das Problem? In Geschichten: Wir müssen unsere Verfolger abschütteln! Auch die Nazis jagen hinter dem heiligen Gral her! Um Mitternacht explodiert eine Bombe![27]

Im Storytelling-Jargon gibt es den schönen Ausdruck »Raising the Stakes«, was so viel heißt wie »den Einsatz erhöhen« oder »die Fallhöhe

---

27   Dan Brown, Autor von *Der Da Vinci Code*, spricht hier übrigens von C wie Clock, von der tickenden Uhr.

steigern«. Wenn der Gral in die Hände der Schurken fällt, steigt deren Macht ins Unermessliche. Die ganze Welt ist in Gefahr. In realen Veränderungsprozessen lohnen sich analoge Fragen: Was steht auf dem Spiel? Wieso müssen wir dringend handeln? Und ist eine Zuspitzung möglich? (Siehe auch »C wie Challenge«.)

Aus der Verhaltensökonomie ist bekannt, dass die Leute viel mehr Sorge und Angst davor haben, etwas zu verlieren, als Hoffnung und Vorfreude darauf, etwas zu gewinnen. Doch gleichzeitig ist reaktive Energie weniger stark als aktive. Tiefgreifende Veränderung bedarf somit auch eines Sogs oder eines Rufs. Dieser kommt von vorne. Was versprechen wir uns von der Veränderung? Warum agieren wir? John P. Kotter nennt dies »Sense of Vision«. In Geschichten: Was ist der Schatz? Wo ist das gelobte Land? Zeig mir das Geld.

Die Vision wirkt besonders aktivierend, wenn sie schwammig, pluralistisch und adaptiv gestaltet ist. Viele Unternehmerinnen haben stets mehrere nur ungefähre Zukunftsszenarien im Kopf und passen diese ständig den neuen Begebenheiten an. Und auch Indiana Jones zieht aufgrund der flüchtigen Verheißung einer archäologischen Sensation in die Welt hinaus. Dann findet er immer wieder neue Anhaltspunkte. Sein Ziel verändert sich. Und am Ende merkt er gar, dass der wahre Schatz die Beziehung zu seinem Vater ist.

Der Antrieb schließlich kommt aus der Tiefe. Was ist mein »Cause«? Für welche Sache bin ich bereit, einzustehen und Schlimmes durchzustehen? In der Betriebswirtschaft reden derzeit alle vom »Sense of Purpose«, vom Sinn und Zweck oder vom großen Warum eines Unternehmens. In Geschichten: Wieso tut die Heldin, was sie tut? Was ist in ihrer Vergangenheit passiert, dass ihr Gerechtigkeitssinn oder ihre Rachegelüste derart ausgeprägt sind? Psychologen haben immer wieder herausgefunden, dass ein wirklich guter Grund unabdingbar ist, um Großtaten zu vollbringen oder schwere Zeiten zu bewältigen. Doch gerne wird vergessen, dass der dritte Veränderungsauslöser der individuellste ist. Jeder Mensch hat seinen eigenen Antrieb. Vivi schöpft Motivation daraus, frische Ideen ins Team zu bringen. Jürgen zerbricht sich gerne den Kopf darüber, wie man diese implementieren könnte. Chao liegt die Harmonie im Team am Herzen. Doch keine der drei kümmert's wahrscheinlich, ob es ihrer Arbeitgeberin gelingt, »die Menschen der Welt miteinander zu verknüpfen, um die Welt zu einem besseren Ort zu machen« oder »die Gesellschaft so zu verändern, dass eine produktivere, nachhaltigere Zukunft entsteht« (so gesehen bei den Schweizer Großfirmen UBS und ABB, ohne Witz). Natürlich freut sich Indiana Jones, wenn am Ende die Amerikaner und eben nicht diese »verdammten Nazischweine« das Rennen machen. Doch im Herzen geht es ihm darum, es seinem (internalisierten) Vater zu beweisen. Das ist sein Cause.

Fragen Sie sich in jedem Veränderungsprozess (und in jeder Geschichte): Was scheucht mich aus dem Bett, was zieht mich aus dem Bett, und welchen echten Grund verspüre ich, um nicht wieder unter die Decke zu kriechen?

Ach übrigens: Es gibt es noch einen vierten Auslöser von Veränderung, und dieser trägt viele Namen: Serendipität, Zufall, Fügung. Sie sind wegen eines schrägen Traums aus dem Bett gefallen? Packen Sie die Gelegenheit beim Schopf und fahren Sie heute mal früher ins Büro.

EIN BEISPIEL

Es steht nicht gut um JIBI. Noch vor wenigen Jahren war sich die europäische Investorencommunity einig: JIBI ist unser nächstes Einhorn. Endlich zeigen wir's den Amerikanern mal wieder. Doch nach der Cyberattacke, dem Korruptionsskandal und abflachenden Verkaufszahlen macht sich beim E-Bike-Hersteller Ernüchterung breit. Die besten Mitarbeitenden sind längst zu Kickbike ins Silicon Valley abgewandert. Der Rest radelt kaum mehr vor zehn Uhr ins Büro – und auch das nur wegen des Gratiskaffees, den der hausinterne Barista, ein ziemlich attraktiver Mexikaner namens Jorge, jeden Morgen röstet.

»Wo soll das nur enden?«, fragt sich die längst vom Chefposten zur Leitung der Stabsstelle Vision & Purpose degradierte Gründerin Adriana. Während sie auf ihren Cappuccino wartet, betrachtet sie die Tattoos auf Jorges sehnigem, ärmellosem Arm. Eine magisch leuchtende Schlingpflanze windet sich um ein Hochhaus, auf dem ein Drache mit einem Horn auf der Stirn thront. Darunter strömt dunkler Rauch aus Fabrikschornsteinen.

»Jorge, was hat es eigentlich mit deinem Tattoo auf sich?«, fragt Adriana.
»Das wissen Sie nicht, Señorita? Ich habe es mir extra für JIBI machen lassen.«
»Ah ja?«
»Claro, Señorita.«
Jorge erklärt ihr, dass er unbedingt hier arbeiten wollte, weil JIBI Teil der »Rückeroberungsbewegung« sei. Dank dieser komme die Natur zurück in die Stadt. Den dunklen Schornsteinen gelte es zu entkommen. JIBI sei die Pflanze, die sich in die Höhe recke, entlang der Mauern des Kapitalismus-

turms. Und oben warte der Drache, der die Menschheit wieder mit der Natur in Einklang bringe.

»Wollen sie *azúcar* in ihren Cappuccino, Señorita?«

Noch am selben Tag kündigt Adriana das Mandat der Beratungsfirma, die ihr der neue CEO aufgebrummt und bei der er bis vor kurzem gearbeitet hat. Sie beauftragt zwei stadtbekannte Graffitikünstler damit, Jorges Tattoo auf die Firmenwände zu übertragen, und lädt das gesammelte Kommunikations- und Personalmanagementteam zur Kick-off-Besprechung von »Projekt Rückeroberung« ein.

Nach anfänglicher Skepsis ist selbst der neue CEO begeistert. »Endlich ziehen wieder alle am selben Strang!«, fasst er die Situation zusammen, während er zusammen mit Adriana auf den Cappuccino wartet, den es seit einigen Wochen nur noch bis 9.30 Uhr gibt. Doch was ist das? Hinter dem Tresen vergreift sich eine Frau am Milchschäumer. Adriana könnte schwören, es handelte sich um Penélope Cruz.

»Wo ist denn Jorge?«, fragt Adriana ihren Chef.

»Ah, das wollte ich dir noch sagen. Ich habe ihn zum Head of Vision & Purpose befördert.«

»Äh …«

»Ja, komm doch nachher mal in mein Büro.«

KERNPUNKTE UND ANWENDUNGSIDEEN

Story

- Was hat die Protagonistin zu verlieren? Worauf muss sie reagieren?
- Was lockt sie magisch an? Warum kommt sie ins Tun?
- Und was ist ihr internalisierter Antrieb?
- Welche Rolle spielt der Zufall?

Kommunikation

- Worin besteht die Dringlichkeit der Botschaft? Lässt sich diese zuspitzen?
- Was ist das Ziel oder die Vision? Ist diese allgemein und schwammig genug?
- Worum geht es im Kern? Gibt es einen alle Beteiligten vereinenden inneren Antrieb?

Change

- Was ist der echte »Sense of Urgency«?
- Was ist der »Sense of Vision«?
- Was sind die »Senses of Purpose«?

Innere WIDERSTÄNDE ÜBERWINDEN

1. Selbstinteresse

2. Einschätzung der Situation Unterschiedliche

3. MANGEL An VERTRAUEN

4. RATIONAL VERHÜLLTE EMOTIO

C WIE CONFLICT

Innere Widerstände überwinden

Unsere alte *Star Wars*-VHS-Kassette fällt fast auseinander, so oft haben wir sie gesehen. Doch wir mussten zuerst unsere Mittdreißiger erreichen, um zu realisieren: Es wird verdammt viel gestritten in diesem Film. Kaum eine Szene, in der keiner der Charaktere widerspricht, bemängelt, belächelt, nörgelt, triezt, attackiert oder flucht, in welcher niemand frustriert, wütend, aufbrausend, arrogant oder genervt ist. Was für ein Stress.

Aber eines der wichtigsten Prinzipien des Storytellings ist nun einmal: Es gibt kein Vorwärtskommen ohne Reibung. Nur wenn ich mich vom Boden abstoße, kann ich diesen hinter mir lassen. Und Reibung bedeutet Konflikt.

Wie im Kapitel »C wie Contrast« beschrieben, dreht sich dieser Konflikt in fast jeder guten Geschichte um das Aufeinanderprallen zweier (thematischer) Pole: Altes und Neues, Ordnung und Chaos, Unabhängigkeit und Zugehörigkeit usw. Und deren konfliktreiche Aushandlung – bis hin zur Synthese – findet auf allen Ebenen statt.[28]

Beispiel *Jurassic Park* (zur Abwechslung): Einer unheiligen Allianz aus Wissenschaft und Kapital ist es gelungen, Dinosaurier zum Leben zu erwecken. Vergessen Sie Zoos mit Tigern und Schimpansen. Hier gibt es einen T-Rex! Doch am Testwochenende geht schief, was schiefgehen kann.

---

28 Siehe auch *Reframe it!*, Kapitel: »Die drei Konfliktebenen«.

Sturm, Stromausfall und Spione der Konkurrenz. Die sympathischen Protagonisten können sich glücklich schätzen, wenn sie lebend aus diesem Schlamassel herauskommen.

Darin steckt natürlich viel Grundsätzliches: Mensch versus Gott. Technik versus Natur, Kontrollieren versus Zulassen. Doch diese Polaritäten werden nicht theoretisch abgehandelt. Sie zeigen sich konkret in der Geschichte. Erstens tun sie das auf einer globalen Ebene. Die Menschen kämpfen gegen die Dinosaurier und die Guten gegen die Ruchlosen. Zweitens tragen die Charaktere den Konflikt untereinander aus (die interpersonale Ebene). Selbst wenn im Rückspiegel besagter T-Rex seine Zähne fletscht, streiten sie noch darüber, ob Menschen in die Natur eingreifen dürfen oder wer die Gunst der einzigen Frau im Film (es waren die Neunziger ...) für sich gewinnt.

Doch für *Change it!* interessiert uns vor allem die dritte Ebene: die intrapersonale. Jeder äußere Konflikt spiegelt sich im Innern. In *Jurassic Park* ist der Paläontologe hin- und hergerissen. Darf er sich freuen, dass sein Kindheitstraum in Erfüllung gegangen ist und er endlich einen Triceratops streicheln kann? Oder soll er die Tatsache betrauern, dass sein Beruf jetzt nicht mehr gefragt ist?

Nicht nur jede Geschichte, sondern auch jede Veränderung im echten Leben steht und fällt mit der Auseinandersetzung mit inneren Konflikten. Die wirklich mächtigen Monster sind die in uns drin. Und diese sind ein bisschen wie die Scheinriesen aus *Jim Knopf*: Je mehr wir uns ihnen nähern, desto kleiner werden sie (siehe auch »C wie Un-Conscious«).

Eine nützliche Taxonomie geht auf John Paul Kotter zurück, emeritierter Professor der amerikanischen Eliteuniversität Harvard und eine der wichtigsten Stimmen zum Thema Veränderung. Er spricht von vier Formen von Widerständen. Vier Monster, die es zu zähmen gilt – und zwar sowohl in kollektiven als auch in individuellen Transformationen. Das erste Monster ist das des Selbstinteresses. Die Betroffenen fürchten, ihre Identität und Werte aufgeben zu müssen, aber auch Macht, Einfluss und Status einzubüßen. Bedeutet die Übernahme durch den fremden Konzern eine Herabstufung meiner Position im Unternehmen? Oder eben: Muss ich jetzt, wo keiner mehr Paläontologen braucht, im Souvenirladen des Jurassic Parks anheuern?

Um das Selbstinteresse-Ungetüm zu zähmen, tut die Gestalterin von Veränderung gut daran, frühzeitig folgende Fragen zu adressieren:

– Wer könnte was verlieren?

– Was könnte der Verlust für Einzelne, Teams oder das gesamte Unternehmen sein?

– Wer sind die Verliererinnen des Wandels?

– Wer ist unter welchen Umständen bereit, den Verlust hinzunehmen?

– Und – hierin liegt meist die Lösung – welcher Gewinn steht anstelle des Verlusts?

Eine zweite Form von Widerstand entsteht durch einen Mangel an Vertrauen – gegenüber Führungskräften oder anderen verantwortlichen Personen. Hier stellt sich die Frage nach der Vorgeschichte der Charaktere. Welche vorausgegangenen schlechten Erfahrungen mit Veränderungsprozessen oder gar Traumata wirken erschwerend? Aber auch intransparente Kommunikation schürt Gerüchte, Fantasien und selbsterfüllende negative Prophezeiungen. Erinnern Sie sich an den Helikopterflug am Anfang von *Jurassic Park*? Die Turbulenzen machen unserem Paläontologen zu schaffen. Doch statt dass der Milliardär Hammond auf seinen Gast eingeht, lacht er dessen Sorgen einfach weg. Nicht sehr vertrauenerweckend.

Um das Vertrauen des Kein-Vertrauen-Monsters zu gewinnen, gilt es, folgende Fragen zu stellen:

– Worüber müssen wir transparent und umfassend informieren?

– Was muss offen auf den Tisch gelegt werden?

– Wie werden die Vorwürfe und Einwände der Mitarbeiterinnen/Matrosinnen/Soldatinnen/inneren Kritikerinnen etc. aufgenommen?

– Welche unerledigten Geschichten aus der Vergangenheit müssen bereinigt werden?

– Was müssen wir tun, um unsere Glaubwürdigkeit als Führungscrew zu erhöhen und/oder aufrechtzuerhalten?

Das dritte Monster ist ein intellektuelles. Es schätzt die Situation anders ein als die (innere) Führungskraft. Die CEO hat ja keine Ahnung, was sie tut. Sie kann nicht mal programmieren. Die Landesregierung übertreibt völlig, meine nächtelangen Youtube-Recherchen zeigen, dass die Impfung viel schlimmer ist als das eigentliche Virus. Muss der Ring wirklich zerstört werden, oder könnten wir ihn nicht selbst benutzen, um Mordor

Paroli zu bieten? Und mit Verlaub, Ihr Dinosaurierpark macht überhaupt nicht den Eindruck, als hätten Sie die Sache im Griff. Um das Unterschiedliche-Einschätzungs-Monster zu zähmen, rät John P. Kotter zu folgenden Fragen:

- Wie nehmen wir die abweichenden intellektuellen Einschätzungen und Fähigkeiten erfahrener Mitstreiterinnen auf?

- Wie bauen wir diese Einwände in das bestehende Veränderungskonzept ein?

- Welche überzeugenden Antworten geben wir?

- Wie diskutieren wir die Veränderung wichtiger Werte, und welche überzeugenden Antworten geben wir?

Das gefährlichste Monster jedoch lauert weiter in der Tiefe. Oft liegt der wahre Grund des Widerstands in verdeckten Emotionen. Man denke an den Brexit, die Wahl Donald Trumps oder an den Aktivismus selbst ernannter Querdenkerinnen. Nichts davon lässt sich rational erklären. Vielmehr sehen Politologinnen darin einen Ausdruck von Unzufriedenheit oder gar Hilflosigkeit. Viele Wählerinnen und Aktivistinnen sind – so die Annahme – von der Furcht getrieben, den Anschluss zu verlieren oder mit dem radikalen Wandel unserer Zeit nicht mithalten zu können. Denn wie bereits in der Einführung gesagt: Veränderung ist verdammt schwierig. Sie macht Angst, wütend und traurig. Nur wenn es gelingt, die nötigen Umstände zu schaffen, damit sich alle Betroffenen trauen, Gefühle zuzulassen und loszulassen, öffnet sich der Weg nach vorne.

Statt einen Tyrannosaurus auf ihre Gegnerinnen loszulassen, sollte die Transformatorin demnach lieber folgende Schlüsselfragen stellen:

– Wie nehmen wir angemessen Rücksicht auf die begrenzten »Veränderungsressourcen« und die Versagensängste der Beteiligten?

– Wie bringen wir deren subjektive Ängste und Befürchtungen auf den Tisch?

– Wie fordern wir andererseits die Betroffenen heraus, konsequent und mit aller Kraft alle ihre Veränderungsressourcen einzusetzen?

– Und welche Unterstützung bieten wir dabei?

Ja: Veränderung braucht Reibung. Reibung bedeutet Konflikt. Und dieser findet auf allen Ebenen statt. Essenziell ist die Auseinandersetzung mit den inneren Monstern. Egal ob es sich um Mitarbeitende, Sie selbst oder um die Protagonistin Ihres nächsten Bestsellers handelt: Fragen Sie sich, ob und wann es welche Widerstände zu adressieren, zu überwinden oder loszulassen gilt. Wie gelingt es Ihnen, Selbstinteressen zu wandeln, Vertrauen zu schaffen, die Einschätzungen zur Situation abzugleichen und Emotionen zuzulassen?

EIN (HISTORISCH VERBÜRGTES) BEISPIEL

So hatte sich das Theodor wahrhaftig nicht vorgestellt, als Ritter Balduin und Mönch Bohemund ihn und den Rest der Dorfjugend davon überzeugten, sie auf ihrem »Kreuzzug« zu begleiten. Ehre, Wohlstand und einen todsicheren Platz im Paradies hatten sie versprochen. Christus höchstpersönlich würde sich ihrer annehmen. Als ob ... Seit bald einem Jahr stecken sie jetzt in diesem Loch fest. »Die große Belagerung von Antiochia« nennt es Baldi. Noch in tausend Jahren würde man sich davon erzählen. Der ewige Krieg zwischen Gut und Böse würde hier sein Ende nehmen! Als ob ... Weder von der anfänglichen Euphorie noch von Theodors Kameraden ist viel übrig geblieben. Wer nicht desertiert ist, wurde von der Seuche dahingerafft oder ist verhungert.

Theodor teilt sich gerade ein Stück Rattenfleisch mit Robert und Olaf, als sie die Trompete hören. Also rappeln sie sich auf und stolpern in Richtung Anführerzelt. Balduins frisch gewaschenes Hemd ziert ein großes rotes Kreuz. Neben ihm hängt ein Stück Eselleder, bemalt mit einer komplizierten Karte der Stadtmauern. Er räuspert sich. »Meine Mannen, es ist so weit! Morgen greifen wir an.« Offenbar ist es gelungen, ein paar der Bewohner zum Verrat anzustiften und einen Hinterhalt zu organisieren.

»Moment mal«, ruft Theodor in seinem Hungerwahn. »Wer sagt denn, dass es da drinnen besser ist als hier draußen?«

»Genau«, fügt Robert an. »Und wer soll Euch schon noch vertrauen? Nach allem, was Ihr versprochen habt? Wo sind die verdammten Jungfrauen?«

»Und sowieso«, krächzt Olaf, »Euer Plan stinkt zum Himmel. Habt Ihr mal daran gedacht, die Wachtürme einzuzeichnen?«

Den dreien steht die Angst ins Gesicht geschrieben. Am liebsten würden sie losheulen und davonrennen.

Doch bevor der Anführer seine Truppe zurechtweisen kann, flüstert ihm Mönch Bohemund etwas ins Ohr – worauf Baldi einen neuen Ton anschlägt. »Hmm ... na gut ... äh ... Ich höre Euch, werte Kollegen. Lasst uns gemeinsam eine Lösung finden.«

Der besonnene Bohemund unterteilt die Truppe in Kleingruppen und weist diese verschiedenen Lagerfeuern zu. Bis in die späte Nacht hinein wird diskutiert, gestritten, zugehört und so lange herumskizziert, bis die Eselfelle ausgehen. Am Ende liegen sich alle heulend in den Armen. Das Vertrauen in Ritter Balduin ist wiederhergestellt. Man ist sich einig: Antiochia wird fallen!

Der Plan geht tatsächlich auf. Alle Nichtchristen werden getötet, und endlich müssen Theodor, Robert und Olaf nicht mehr im Schlamm schlafen. Doch nur fünf Tage nach dem Sieg über die Heiden gibt's schon wieder Ärger. Die Emire von Aleppo, Mossul und Damaskus stehen mit einem riesigen Heer vor den Stadtmauern.

»Keine Sorge, Männer, wir schaffen das!«, beschwichtigt Balduin die aufgebrachte Truppe.

Als ob, denkt sich Theodor.

KERNPUNKTE UND ANWENDUNGSIDEEN

Story

– Kein Vorwärtskommen ohne Konflikt
– Konflikt findet auf drei Ebenen statt: auf der globalen, der interpersonalen und der intrapersonalen Ebene.

Kommunikation

– Adressieren Sie Konflikt,
– … und zwar auf allen Ebenen.

Change

– Veränderungsvorhaben bedürfen der Berücksichtigung (innerer) Widerstände: Bewahrung von Status und Selbstinteressen, Mangel an Vertrauen in die Führung, unterschiedliche Einschätzung der Situation und verborgene Emotionen.

C WIE
CHALLENGE

Houston, wir haben eine Herausforderung

Es ist vertrackt: Um Veränderung anzustoßen, bedarf es fast immer eines Problems. Ist alles in Ordnung, bewegen wir uns nicht vom Fleck. Operation Gewichtsverlust beginnt für viele frühestens nach dem zweiten Herzinfarkt. Damit wir das Thema Klimawandel endlich adressieren, muss uns das Wasser bis zum Hals stehen. Gleichzeitig hat das Wort eine lähmende Wirkung. Wenn wir von »Problemen« sprechen, tendieren wir dazu, in archaische Muster zurückzufallen. Wir wollen flüchten, uns totstellen oder kämpfen – statt intelligente und kreative Entscheidungen zu treffen.

Ein alter Trick, um diesem Paradox zu begegnen, ist ein Bedeutungsreframing. Frau Meier, Sie sollten die Scheidung als Prüfung des Lebens betrachten. Der Klimawandel ist ein Test für die ganze Menschheit! Liebe Mitarbeiterinnen, die erstarkte Konkurrenz ist eine Herausforderung, der wir uns gemeinsam stellen!

Nur leider sind alte Tricks oft auch alte Hüte. In den meisten Fällen reicht es längst nicht mehr, ein Problem als »Tschällensch« zu betiteln und dann zu erwarten, dass die Belegschaft die nächsten fünfzig Nächte durcharbeitet. Worte schaffen Wirklichkeit? Nicht, wenn die Worte abgegriffener sind als Niki Laudas Schaltknüppel.

Die Frage ist, wie die Initiantin die Herausforderung gestalten muss, damit die Betroffenen sie als solche akzeptieren und in Angriff nehmen. Und einmal mehr lohnt sich der Blick in die Welt der Geschichten.

Bekommt es die Heldin gerade zu Beginn ihres Abenteuers mit dem Oberbösewicht zu tun? Nein. Nachdem sie sich dazu durchgerungen hat, ihre Reise anzutreten, folgt zuerst fast immer eine Phase des Suchens und Experimentierens, in welcher sie sich mit der fremden Welt vertraut macht (siehe »C wie Construction«). Denken Sie an *Karate Kid*, *Rocky*, *The Hunger Games*, *The Matrix* oder *Der große Eisenbahnraub*. Im ersten Drittel all dieser Filme gibt es sogenannte »Trainingsmontagen«. Es sind Sequenzen, in welchen sich die Charaktere gefahrlos auf Gefahren vorbereiten können – in welchen die Herausforderungen zum Spiel werden.

Das Element des Spiels hilft bekanntlich gerade am Anfang von bedrohlichen Vorhaben, diese überhaupt in Angriff zu nehmen. Es besteht aus zwei Komponenten. Das Verspielte – auf Englisch *play* – und der Wettkampf – auf Englisch *game*. Kreative Herausforderungen und offene Fragestellungen bedürfen eher einer verspielten Herangehensweise, leistungsbezogene, klar definierte Probleme eher einer »Gamifzierung«.

PLAYIFICATION

Eines unserer Lieblingszitate stammt von dem Schriftsteller Salman Rushdie: »Jene, die keine Macht über die Geschichte haben, die ihr Leben beherrscht, keine Kraft, sie stets aufs Neue zu erzählen, zu überdenken, zu dekonstruieren, Witze über sie zu machen oder sie zu ändern, wenn sich die Zeiten ändern, sind wahrhaftig machtlos.«

Der Trick liegt darin, mit Geschichten und Vorhaben zu spielen, als handele es sich um Knete, Lego oder Puppenhäuser. Doch dafür bedarf es psychologischer Sicherheit. Was für die Profiräuberinnen während der

Vorbereitung für den großen Coup gilt, muss auch für die IT-Mitarbeitenden während des Hackathons gelten: (Noch) kann nichts passieren. Drei Zutaten helfen:

1. **Deklaration als Spiel:** Wissen die Beteiligten, dass sie sich nur auf der Landkarte und nicht im Terrain beziehungsweise nur in einer Simulation und nicht in der Realität befinden, trauen sie sich eher, diese zu verändern. Hier gibt es mehrere Leben und »Eingabe widerrufen«-Knöpfe. Zur Erinnerung ein berühmter Satz des Schriftstellers Robert Musil: »Wenn es aber Wirklichkeitssinn gibt, [...] dann muss es auch etwas geben, das man Möglichkeitssinn nennen kann.« (Siehe auch »C wie Candor«.)

2. **Klare Grenzen:** Dem Landschaftsarchitekten Peter Summerlin gelang einst ein interessantes Experiment. Er konnte aufzeigen, dass Kinder in einem von einem Zaun umgebenen Garten dazu tendieren, im ganzen Garten zu spielen. Ist hingegen kein Zaun vorhanden, bleiben die Kinder eher in der der Nähe der Lehrperson. Auch wenn es auf den ersten Blick widersprüchlich klingt: Wollen Sie sich oder Ihre Mitstreiterinnen dazu bringen, sich auf (kreatives) Spielen einzulassen und Verschiedenes zu probieren, sollten Sie klare zeitliche oder räumliche Grenzen setzen.

3. **Umgangsregeln:** Verbannen Sie Bullys aus dem Klassenzimmer. Stellen Sie sicher, dass sich alle – auch Sie selbst – an die Regeln gewaltfreier Kommunikation halten. Das Wort *play* wird im Amerikanischen auch vermehrt für das erotische »Spielen« außerhalb der traditionellen Paarbeziehung benutzt. Wenn Sie Ihrem Mitarbeiter im nächsten Lego-

Serious-Play-Workshop also wieder mal sagen wollen, was er alles falsch macht, fragen Sie sich: Würden Sie während einer gemeinsamen Orgie auch so mit ihm reden?

Dieselben Regeln gelten natürlich auch für den Fall, dass Sie sich alleine mit einer Herausforderung herumschlagen. Schicken Sie Ihre inneren Richterinnen, Henkerinnen, Schämerinnen und Schuldzuweiserinnen in den Urlaub.

GAMIFICATION

Über den zweiten Aspekt des Spiels wird derzeit viel geschrieben, aber wenig gesagt. Unserer Erfahrung nach sind folgende Elemente zentral:

- **Ziele:** Wie erwähnt ist Gamification vor allem bei klar definierten Herausforderungen oder Verhaltensänderungen nützlich. Die Mitarbeitenden des Shops sollen freundlicher werden, der Bizeps dicker oder die Stadtbevölkerung fahrradfreudiger. Dafür bedarf es quantifizier- und messbarer Ziele.

- **Zielgruppengerechtigkeit:** Selten fühlen sich Menschen schneller beleidigt, verniedlicht oder veräppelt, als wenn sie die Geschäftsleitung zum »Mitspielen« einlädt. Eine wichtige Rolle spielt die Metapher, die die Erschafferin über ihr Spiel stülpt. Identifiziert sich die Lagerhausmitarbeiterin wirklich mit einer Ritterin, die dem bösen Drachen beim Aufschichten von Paketen zuvorkommen muss?

Außerdem gilt es, die Motivation der Zielgruppe zu erkennen. Eine Hilfe bieten die sogenannten Bartle-Klassen, welche ursprünglich zur Kategorisierung von Onlinespielern dienten. Diese Taxonomie unterscheidet zwischen Achiever, Explorer, Socializer und Killer. Den Achievern geht es darum, vorwärtszukommen, Punkte zu sammeln und ihren Status zu verbessern. Explorer wollen die Spielewelt erforschen und Geheimnisse entdecken (sie sind am nächsten dran an der Playification). Socializer suchen den sozialen Kontakt zu anderen, und Killer wollen immer nur das eine: gewinnen. Welcher Typ sind Sie?

- **Die richtige Mechanik:** Was sind die Regeln und Grenzen? Das Herz des Spiels ist meistens der Spielzug. Er lässt sich auf vier Elemente herunterbrechen: Auslöser, Aktion, Belohnung (oder Bestrafung) und Investment. Der Auslöser kann eine Aktion der Mitspieler sein oder eine Ereigniskarte. Die Aktion ist zum Beispiel das Verschieben einer Figur oder das Legen einer Karte. Die Belohnung oder Bestrafung ist das Erhalten einer Karte oder eines Punktes. Und das Investment bedeutet das Investieren zum Beispiel von Zeit ins Weiterspielen oder von Spielwährung in Fähigkeiten oder Preise (siehe auch »C wie Construction« und »C wie Chapter«).

Gamification ist jedoch nicht das Gleiche wie ein »Game«. Oft reicht es, nur gewisse Elemente des Spiels in das Veränderungsvorhaben einfließen zu lassen. Vielleicht installiert die Chefin des besagten Lagerhauses einen Fortschrittsbalken, der zeigt, wie viele Pakete versandt wurden, oder sie verteilt Medaillen, die besondere Leistungen auszeichnen.

Wir fassen zusammen: Sobald das Problem, die Dringlichkeit und/oder das Ziel klar definiert sind, kann die Verändererin diese als Herausforderung deklarieren. Und dieser darf sie in zweierlei Hinsicht spielerisch begegnen. Handelt es sich um eine offene oder schwammige Problemstellung, kann sie eine »verspielte«, explorierende Phase einplanen. Ist die Herausforderung hingegen klar eingegrenzt, tut sie gut daran, sich ihr mit klar definierten Spielregeln zu stellen und das Abarbeiten der Challenge zu gamifizieren.

Eine psychologische Technik zur Aufarbeitung von Traumata ist die Kontaktaufnahme mit Bildern des inneren Kinds und des inneren Teenagers. Hier geht es im Grunde um die gleichen Stellhebel: Mit Playification nutzen Sie die Offenheit, Unvoreingenommenheit, Furchtlosigkeit und Spiellust Ihrer inneren Fünfjährigen als Ressource. Mit Gamification kanalisieren Sie den Ehrgeiz und Wettkampfgeist Ihrer Jugendjahre. Und natürlich können Sie die Techniken auch kombinieren. Denn in beiden Fällen vermitteln Sie das Gefühl, dass Sie und/oder Ihre Mitspielerinnen sowohl Protagonistin als auch Autorin einer spannenden Geschichte sind.

EIN BEISPIEL

Anfangs war Jolanda unheimlich stolz, dass sie zum Klimagipfel der mächtigsten Länder der Welt eingeladen wurde. Ist sie doch als Präsidentin einer mäßig bedeutenden Inselnation alles andere als ein »Global Player«. Doch die anfängliche Euphorie ist schnell verflogen. Ihre ausschließlich weißhaarigen männlichen Kollegen scheinen sich für so ziemlich alles zu interessieren außer für den Umweltschutz. Handel? Au ja! Interessengruppen? Unbedingt. Zigarren? Nur kubanische – aber sag das nicht den Wählern (worauf zwei Drittel der Anwesenden denken: den Wäh-was?). Und so verbringt Jolanda den Großteil des Gipfels damit, von den Schafherden ihres Heimatlands zu träumen oder mit ihrer kleinen Tochter zu videotelefonieren.

Zwei Stunden vor der abschließenden Pressekonferenz ist das Dokument für die gemeinsame Absichtserklärung mit den Scotchgläsern auf den Tischen vergleichbar: Beide sind leer und machen Kopfschmerzen. Doch als Win Ni die siebzehnte Kaffeepause nutzt, um seinen arabischen Kollegen davon zu überzeugen, der chinesischen Fußballnationalmannschaft ein paar Vorteile für die anstehende Weltmeisterschaft zuzuschanzen, beginnt in Jolanda plötzlich eine geniale Idee zu reifen.

Mitten in einer hitzigen Debatte über die Verteilung von Ölbohrlizenzen im Nigerdelta steht Jolanda auf und rückt das Flipchart zurecht. Die meisten Anwesenden reden munter weiter. Nur der französische Präsident fragt sich, was die Assistentin seines australischen Kollegen zu tun gedenkt. Schließlich schreibt Jolanda drei Worte auf das Flipchart und räuspert sich lauter, als ihr Hausschaf Frodo blöken kann. Die Anwesenden verstummen. Auf dem Flipchart steht: THE CLIMATE GAMES. Und zum ersten Mal seit geschlagenen zwei Tagen ergreift Jolanda das Wort.

Ab sofort würden die größten Wirtschaftsnationen einen auf erfolgreiche Nationen beschränkten, hochexklusiven Wettbewerb veranstalten, bei dem es nur um eines geht: Ruhm und Ehre. Nur die besten dürfen sich ab sofort darin messen, wer die meisten Bäume pflanzt, die reinste Luft kreiert oder Innovationen im Bereich der erneuerbaren Energien in die Welt trägt. Und in jedem Land würden in jeder Stadt von globalen Ölkonzernen gesponserte Bildschirme über die Spiele berichten, mit einem wunderbaren globalen Fortschrittsbalken und Abzeichen für ausgewiesene Entscheidungsträgerinnen. Jolanda beendet ihre Rede mit einem Satz, der das Blut ihrer Kollegen in Wallung bringt: »But you know ... it's okay if you're not up to the CHALLENGE.« Sie steckt die Kappe auf den Stift und wirft diesen zielsicher in den Papierkorb in der Ecke.

Achtzehn Monate später schmückt ein überglücklicher Winnie the Pooh die Titelseite der *Bild*-Zeitung. Darüber steht die Schlagzeile: »Win Ni ist gar kein Win Nie! Medaillenreigen für das Reich der Mitte«. Und wer genau hinsieht, entdeckt auch die Randnotiz auf Seite 28 unten rechts in der Ecke: »Der Klimawandel ist Schnee von gestern. Temperatur der Erde um 0,1 °C zurückgegangen.«

Schön wär's.

KERNPUNKTE UND ANWENDUNGSIDEEN

Story
– Überzeugte Heldinnen betrachten Probleme als Herausforderungen.
– Die Begegnung mit dem Fremden und Neuen erfolgt zuerst oft spielerisch in Form eines Experimentierens oder Trainierens.

Kommunikation
– Überlegen Sie sich gut, wie Sie »Probleme« und Lösungsansätze framen ...
– ... und was der »Talk« für den »Walk« bedeutet.

Change
– Nutzen Sie Playification, um offenen Problemstellungen zu begegnen ...
– ... und Gamification, um klar eingrenzbare Probleme zu bewältigen.

C WIE
COMMITMENT

Der Appetit kommt beim Essen

Andy Dufresne aus dem Film *The Shawshank Redemption* (dt.: *Die Verurteilten*) sitzt im Gefängnis, unschuldig und lebenslang. Sein Mitinsasse rät ihm, die Hoffnung aufzugeben, sich mit den Umständen anzufreunden. Doch Andy gibt nicht auf. Mit einem kleinen Hämmerchen klopft er ein Loch in die Wand, Tag für Tag, Jahr für Jahr. Bis es ihm gelingt, auszubrechen und nach Mexiko zu fliehen.

Auch June Osborne, die Heldin der Erfolgsserie *The Handmaid's Tale*, ist gefangen. Fundamentalistische Christinnen haben die Macht übernommen und June versklavt. Sie lebt bei einer reichen Familie, wird gedemütigt, gefoltert und vergewaltigt. Aber auch June gibt nicht auf. Sie schließt sich einer geheimen Rebellinnenorganisation an und wird zur Ikone des Widerstandes.

Oder Erin Brockovich: Als sie einem Umweltskandal auf die Schliche kommt, will zunächst niemand auf sie hören. Aber Erin tut es June und Andy gleich: Sie gräbt, wirbt, droht, kämpft. Bis die Gerechtigkeit siegt.

Wir könnten ewig weitermachen. Odysseus, Scheherazade, Siegfried, Jeanne d'Arc, Gandhi, Nelson Mandela, Dagobert Duck und zig andere reale oder fiktive Dickköpfe, deren Geschichten wir uns bis heute erzählen: Ihnen allen ist gemeinsam, dass sie niemals aufgaben.

Beim gegenteiligen Modell ist das Feld dünner. Wie viele Geschichten fallen Ihnen ein, in denen die Protagonistin irgendwann beschloss, den Bettel hinzuschmeißen? In denen der Sträfling sagt: Zur Hölle mit dem

Gehämmere, ich mach's mir jetzt gemütlich und heirate Toni aus Zelle 48. In denen die Anwältin sagt: Gegen die riesigen Konglomerate lässt sich ja doch nichts ausrichten, ich geh kegeln![29] Für jeden Pitbull gibt es eine Million Chihuahuas. Doch deren Geschichten interessieren nicht. Geschichten sind dann erzählenswert, wenn aktive, tiefgreifende Veränderung stattfindet. Und Veränderung bedarf eines Festbeißens seitens der Protagonistin. Sie bedarf eines riesigen »Commitments«.[30]

Dieses Commitment wird in fast jeder Geschichte und in fast jedem Transformations- oder Entwicklungsvorhaben auf die Probe gestellt. In der Mythologie spricht man vom Element der Verführung. Auf seiner Heimreise aus Troja segelt der griechische Held Odysseus an der Insel der Sirenen vorbei. Diese versuchen, Seefahrer mit betörenden Gesängen an Land zu locken und zu töten. Oder denken Sie an die Schlange Kaa aus *Das Dschungelbuch*, die Mowgli hypnotisiert,[31] an Darth Vader aus *Star Wars*, der Luke Skywalker zur dunklen Seite der Macht locken will, und natürlich an Satan, der sein Glück als Verführer bei zig biblischen Gestalten versucht (er gibt nie auf). Äquivalente in der Realität sind, wie so oft, weniger zugespitzt oder personalisiert, doch nicht minder mächtig: Faulheit, Ablenkung, Impulsivität oder operative Dringlichkeiten (siehe auch »C wie Character«).

---

29 Eine berühmte Ausnahme gibt es übrigens: Hamlet. Fällt Ihnen sonst noch eine ein? Dann schreiben Sie eine Mail. Unter allen Einsendenden verlosen wir eine limitierte Erstausgabe unseres Kinderbuchs *Zauderi, Zögeri und das Abenteuer, das niemals war* (gesetzt den Fall, dass wir das Buch eines Tages schreiben).
30 »Commitment« lässt sich am ehesten mit »(innere) Verpflichtung« oder »Engagement« übersetzen.
31 Wenn auch nur im Disney-Zeichentrickfilm und nicht in der Buchvorlage.

Um Ziele zu erreichen, gilt es, die Beteiligten vor solchen Verführungen zu bewahren und ihr Commitment zu stärken. Doch es reicht nicht, an die innere Stärke oder die Reinheit des Herzens zu appellieren. Dessen war sich auch Odysseus bewusst. Er wies seine Mannen an, sich Wachs in die Ohren zu schmieren, um den Gesängen der Sirenen zu entgehen. Nur sich selbst gönnte er deren betörende Musik – jedoch nicht ohne vorher den Befehl zu erteilen, man möge ihn an den Mast des Schiffes binden und unter keinen Umständen befreien.

In der Spieltheorie werden solche Tricks »Commitment-Devices« (CDs) oder auf Deutsch »Selbstbindung« genannt. Die Change-Forscherin Katy Milkman unterscheidet zwischen harten und weichen CDs.

Die harten CDs sind nicht besonders neu, geschweige denn inspirierend, aber sie funktionieren. Es handelt sich um konkrete, quantifizierbare und meist an Sanktionen gebundene Maßnahmen. Sie nutzen hauptsächlich die extrinsische Motivation.

Zu dieser Kategorie zählen beispielsweise Deadlines. Sie sind im Idealfall fremdbestimmt und nicht verhandelbar, und ihre Einhaltung wird durch Anreizsysteme, wie Boni oder Mali, sichergestellt. Doch der Anwendungsbereich harter CDs ist nicht nur auf die Welt der Büros und Sitzungszimmer beschränkt. Gerade finanzielle CDs liegen auch in der Welt der Selbstoptimierung im Trend. Es gibt immer ausgeklügeltere Apps, welche die Nutzerin beispielsweise dazu zwingen, im Falle eines verpassten Fitnessstudio-Termins Geld an eine wohltätige Organisation zu spenden. Und dann gibt es natürlich noch die technologielose Alternative dazu: die Wette. Sie wollen mit dem Rauchen aufhören? Finden Sie eine Partnerin und wetten Sie um ein Wochenende im Wellnesshotel, dass es Ihnen gelingt. Bei Andris Freundin hat das ganz gut geklappt.

Weiche CDs wecken die intrinsische Motivation. Sie konfrontieren uns einmal mehr mit der Frage aller Fragen: Aus welchem Holz bin ich geschnitzt? (Siehe auch »C wie Character«.)

Ein Beispiel ist die Willensbekundung. Forschungen haben gezeigt, dass eine solche – mündlich oder schriftlich – die Erreichung eines Ziels wahrscheinlicher macht. Sie kann mit großer Kelle angerührt werden, etwa in Form eines gemeinsamen Einschwörens auf die neue Unternehmensstrategie. Aber auch Bekundungen im Kleinen können effektiv sein, etwa das Einführen schriftlicher Kontrakte: Mitarbeitende bekennen sich am Ende jeder Besprechung schriftlich zur Ausführung der beschlossenen Aufgaben (siehe auch »C wie Ceremony«).

In jedem Fall ist es wichtig, Commitment-Devices – ob hart oder weich – nicht nur einmal zu verwenden, sondern mehrfach und regelmäßig, und so neue Routinen zu schaffen (siehe auch »C wie Chapter«).

Und vergessen Sie bei aller Zielgerichtetheit nicht, offen zu bleiben gegenüber positiven Verführungen. Sehfahrerinnen und Unternehmerinnen werfen Ziele auch mal über Bord, ändern den Kurs und ergreifen unerwartete Chancen (siehe auch »C wie Correspondence«).

EIN BEISPIEL

Einer der unterhaltsamsten Professoren, der uns in unserem Leben begegnet ist, war ein mexikanischer Bauunternehmer, ehemaliger Chef einer globalen Unternehmensberatung und Autor erstaunlich bekannter Folkloresongs. Seine Storys und eigensinnigen Ansichten waren legendär.

In einem MBA-Seminar fragte er uns einmal: »Wer von euch möchte eine Managementkarriere einschlagen?« Ungefähr die Hälfte der Studierenden hob darauf die Hand. Dann fragte er: »Und wer von euch möchte Unternehmerin werden?« Dazu bekannte sich etwa die andere Hälfte. Nur ein einziger – etwas nervöser – junger Mann hob bei keiner der beiden Fragen die Hand. Und da MBA-Studenten typischerweise die eine oder die andere Richtung einschlagen, fragte der Professor den Mann: »Und was wollen Sie tun?« Er antwortete ausweichend. Na ja, sagte er, er wisse es nicht so genau, er wolle sich einfach nicht so recht »committen«. Das konnte der erzählselige Professor nicht auf sich beruhen lassen. Er holte aus: Er habe in seinem Leben auf allen fünf Kontinenten gearbeitet, Deals gemacht mit Kapitalistinnen, Kommunistinnen und mit militärischen oder religiösen Fanatikerinnen. Er habe im Namen der brasilianischen Regierung mit Saddam Hussein gefeilscht und türkische Minister vor Korruptionsskandalen bewahrt, kolumbianische FARC-Rebellen bezirzt und mit Apparatschiks um die Wette getrunken. Doch die einzigen Menschen, denen er in seinem langen Leben begegnet sei und von denen er das Gefühl gehabt habe, dass sie glücklich waren, und zwar wahrhaftig und ernsthaft glücklich, waren jene Menschen, die sich »committeten«. Sei dies dem Geld, der Familie, der Liebe, der Sache, der Macht, Gott oder einer Ideologie. Aber sie waren »committet«.

In der Klasse brach darauf eine Riesendiskussion aus von wegen Ethik und Moral und so weiter. Aber der Professor meinte nur: »Ich habe nicht gesagt, sie hätten sich einer guten Sache ›committet‹. Nur, sie hätten sich ›committet‹.«

Darüber denken wir bis heute nach.

KERNPUNKTE UND ANWENDUNGSIDEEN

Story
– Setzen Sie Ihre Protagonistin Verführungen aus, um ihr Commitment zu prüfen. Dies schärft den Charakter und erzeugt Spannung.

Kommunikation
– Reframen Sie Ihr Vorhaben als Irrfahrt. Nutzen Sie geschichtliche oder personifizierte Metaphern, um die Verführungen greifbarer zu machen: der äußere Schweinehund, die Dämonen der operativen Dringlichkeit (okay, das können Sie besser ...).

Change
– Arbeiten Sie mit harten und mit weichen »Commitment-Devices«. Setzen Sie zahlreiche verbindliche Fristen und sanktionieren Sie diese. Fordern Sie aber auch Willensbekundungen ein. Einmal mehr: Worte schaffen Wirklichkeit.

C WIE CRISIS

Entschieden entscheiden

Eine unserer Lieblingsfragen ist: Wie lange dauert eine durchschnittliche Krise? Die meisten Antworten variieren zwischen einigen Monaten und mehreren Jahren. Wen wundert's? Die Wirtschaftskrise Ende der Nullerjahre prägte die Schlagzeilen länger als der Irak- und der Afghanistankrieg zusammen, Journalistinnen finden es noch immer total originell, die Corona-Krise als das »neue Normal« zu betiteln, und reden wir gar nicht erst von den Lebenskrisen, mit denen gewisse Menschen scheinbar bereits geboren wurden.

Dabei deutet das Wort Krise – beziehungsweise dessen altgriechischer Vorfahre *krísis* – auf eine deutlich kürzere Zeitspanne hin. Es lässt sich am ehesten mit »Entscheidung«, »Wendung« oder eben »entscheidende Wendung« übersetzen und bezieht sich auf den ent-scheidenden Moment, der aus der Krise hinausführt – nicht auf die oft langwierige Phase davor.

Geschichtenerzählerinnen verstehen »Krise« noch immer in diesem ursprünglichen Sinn. Besonders in der Film- oder Videospielindustrie, wo Plots fast immer etablierten und standardisierten Strukturen folgen (siehe »C wie Construction«), taucht der Moment einer zugespitzten Krise als Höhepunkt gegen Ende fast jeder Geschichte auf.

Einmal mehr *Star Wars*: Luke Skywalker hat sich seinem Erzfeind Darth Vader gestellt. Doch der junge Held hat das Duell verloren. Mit einer Hand klammert er sich am Geländer fest, die andere hat ihm der Bösewicht abgehackt. Unter ihm klafft der riesige Abgrund der Raumstation. Das Ende ist nah. Doch Darth Vader offenbart Luke – wenn Sie eine der fünf

Personen sind, die das nicht wissen, lesen Sie jetzt bitte nicht weiter –, dass er sein Vater ist. Er streckt ihm seinen Arm entgegen und bittet ihn, zur »dunklen Seite der Macht« überzutreten. Ab sofort würden sie gemeinsam über die Galaxis herrschen – als Vater und Sohn. Wie soll sich Luke entscheiden? Wird er all die Ideale aufgeben, für die seine Freunde und er so tapfer kämpfen mussten – oder wird er den Tod in Kauf nehmen?

Luke Skywalker lässt los. Er stürzt in die Tiefe. Er fällt und fällt, rutscht durch einen Lüftungsschacht und landet schließlich brutal auf einer Antenne am unteren Ende der Raumstation. Er ist verloren.

Doch durch die mutige Entscheidung, der Verführung durch die dunkle Seite der Macht zu entsagen, ist Luke seinem tiefsten Inneren, seinem wahren Ich, ein Stück näher gekommen. Er ist in Verbindung mit der »hellen Seite der Macht« getreten. Weshalb es ihm gelingt, seine Freunde telepathisch um Hilfe zu bitten.

Weitere Beispiele aus der Filmgeschichte sind Neo in *Matrix*, der sich für die blaue oder die rote Pille entscheiden muss, Thelma und Louise aus dem gleichnamigen Film, die beschließen, sich in den Grand Canyon zu stürzen, statt sich dem Patriarchat zu ergeben, oder Frodo aus *Der Herr der Ringe*, der sich dazu durchringen muss, »seinen Schatz« – den magischen Ring – in den Vulkan zu werfen. In jeder Krise muss die Protagonistin eine unmögliche Wahl treffen: Ruhm oder Liebe, Familie oder Freiheit, Erfolg oder Integrität.

Robert McKee, einer jener amerikanischen »Drehbuchpäpste«, die besagten Industriestandard geprägt haben, beschreibt die Krise wie folgt:

»Die Suche des Protagonisten hat ihn durch die zunehmenden Komplikationen getragen, bis er alle Handlungen, mit Ausnahme einer letzten,

ausgeschöpft hat, um seinen Wunsch zu erfüllen. Er ist jetzt am äußersten Ende angelangt. Seine nächste Handlung wird seine letzte sein. Kein Morgen. Keine zweite Chance. Dieser Moment gefährlicher Möglichkeit ist der Punkt höchster Spannung in der Story, weil sowohl der Protagonist als auch das Publikum spüren, dass die Frage ›Wie wird dies ausgehen?‹ von der nächsten Handlung beantwortet werden wird.« [32]

Und diese Auffassung der Krise als Moment der Entscheidung ist auch für die (Mit-)Gestaltung der Realität unabdingbar. Aus vier Gründen.

1. Sie zeigt uns einen Ausweg. Viele Krisen, Probleme oder festgefahrene Situationen bestehen nur, solange wir uns um schwierige Entscheidungen drücken. Jemand hat uns einmal gesagt: In Krisen sollte man keine Entscheidungen treffen. Geschichten lehren uns das Gegenteil: Die Krise existiert nur, weil keine Entscheidung getroffen wird. Jede gute Managerin, Psychologin und Unternehmerin weiß: Wir kommen nur weiter, wenn wir uns trauen, Beschlüsse zu fassen. Das kann zum Beispiel auch bedeuten, ein laufendes Projekt zu beenden und sich die Fehlinvestition einzugestehen, statt weiter Geld zu verbrennen.

2. Sie erinnert daran, dass jede Entscheidung für etwas eine Entscheidung gegen etwas anderes ist. Entscheiden heißt loslassen. Luke muss seinem Wunsch entsagen, einen Vater zu haben. Neo seine *comfort zone* verlassen. Thelma und Louise gar ihr Leben opfern. Im Englischen gibt es den Ausdruck *face the brutal facts*. Den brutalen Fakten ins Auge sehen. Sind Sie von einer kleinen oder großen Krise betrof-

---

32 Robert McKee, Story. *Die Prinzipien des Drehbuchschreibens*, Berlin 2016, S. 326.

fen, kommen Sie nicht darum herum, das fundamentale Dilemma zu adressieren. Sie müssen einsehen, dass Sie nur das eine oder das andere haben können (siehe auch »C wie Candor«).

3. Sie verdeutlicht, dass wir erst durch das Treffen von Entscheidungen zu unserem wahren Ich finden. Im Film *Gladiator* entscheidet sich Proximo am Ende, seinen Zögling Maximus nicht an die Truppen des Kaisers zu verraten. Der fragt ihn darauf: »Bist du gerade in Gefahr, ein guter Mensch zu werden?« Jede Krise birgt die Chance, uns selbst besser kennenzulernen – oder gar zu einem besseren Selbst zu werden. Jede Entscheidung wirkt kathartisch, das heißt reinigend. Was natürlich auch für soziale Konstrukte wie Firmen, Völker etc. gilt (siehe auch »C wie Character«).

4. Und schließlich lehren uns die Krisen aus *Star Wars* und Co. auch, dass uns niemand schwierige Entscheidungen abnimmt. Klar gibt es Mentorinnen, Helferinnen, Mitstreiterinnen und so weiter. Sie machen es vor, geben Ratschläge oder erzählen uns kryptische Allegorien, die uns auf die Sprünge helfen. Doch springen müssen wir selbst.

Verändern heißt Krisen überwinden – und Krisen überwinden heißt verändern. Das zeigen uns die vielen Krisen in den bekannten und weniger bekannten Geschichten. Doch wie immer gilt: Landkarte und Terrain sind nicht dasselbe. Geschichten sind eine Reduktion der chaotischen, komplexen Realität. Weshalb auch diese kreative Anstiftung mit Einschränkungen zu genießen ist. Beachten Sie insbesondere Folgendes:

– Krisen sind nicht zwingend binär. Nicht jede Ent-scheidung beschränkt sich auf zwei Optionen.

– Manchmal kann man auch einen Schritt zurückgehen oder einfach nichts tun, in der Standardeinstellung verharren, die Krise aussitzen. Auch das kann eine bewusste Entscheidung sein.

– Nicht immer ist das Dilemma klar ersichtlich. Vielleicht bedarf es weiterer Abklärungen, damit überhaupt eine Meinung gebildet werden kann.

– Und schließlich kann die nötige oder gewünschte Entscheidung manchmal schlicht nicht getroffen werden. Vielleicht ist es einer Frau aufgrund ihrer finanziellen Situation schlicht nicht möglich, ihren Mann zu verlassen.

Doch seien wir ehrlich. In der Tiefe wissen wir meist ganz genau, dass eine harte und zügige Entscheidung möglich und nötig ist – und welche die richtige ist, damit sich die Stimmung im Team verbessert, die Kosten sich einpendeln oder die psychosomatischen Beschwerden verschwinden.

EIN BEISPIEL

Zwischen Jürgen und seiner Frau Sarah läuft's schon länger nicht mehr. Streit, Lustlosigkeit, Aneinander-Vorbeileben – das ganze Programm. Was ist nur aus dem stadtbekannten Power-Couple geworden?
Nachts im Bett wälzt sich Jürgen hin und her und versucht sich einzureden: Das wird schon wieder. Das ist nur eine Krise. Eine vorübergehende

Krise. Aber jeder Laut, den die schlafende Sarah von sich gibt, treibt ihn näher an den Rand des Wahnsinns. Das Knirschen ihres Kiefers. Das kratzend-krächzende Schnarchen.

Sarah scheint die Krise nicht zu kümmern. Leichtfüßig tänzelt sie durchs Leben, widmet sich Hobbys und geheimen Liebhabern. Ganz anders Jürgen. Seine Schlafprobleme werden von Woche zu Woche schlimmer. Er vernachlässigt Arbeit und Freundschaften, flüchtet sich in Serienmarathons, verprasst sein Geld bei Sportwetten – und jetzt wurde ihm auch noch eine chronische Darmentzündung diagnostiziert. Wieder und wieder fragt ihn sein längst zum Psychotherapeuten umfunktionierter Führungscoach: »Willst du nicht mal mit Sarah reden?« Der Mann lässt sich gar zu direkten Empfehlungen – höchst verpönt in der Beraterszene – hinreißen: »Vielleicht solltet ihr euch ... na ja ... ist es nicht an der Zeit ... ihr könntet euch auch einfach ...«, er schluckt leer, »TRENNEN?«

Doch der Klient will nicht hören. Vielleicht, denkt sich Jürgen, ist er ja einfach vom Pech verfolgt. Vielleicht ist es schlicht und ergreifend sein Schicksal, leidvoll durchs Leben zu schlurfen. Doch dann, eines regnerischen Tages, nachdem er vom Chef angeschnauzt, von der hübschen Verkäuferin ignoriert und von einem E-Bike angerempelt wurde, wird Jürgen endlich klar, was sein Umfeld längst weiß: Es muss etwas geschehen!

Im Freundeskreis wird bereits für die Zeit nach der Beziehung geplant. Während man im Restaurant auf das dem Untergang geweihte Pärchen wartet, gibt es nur ein Thema: Wer stellt sich nach der Trennung auf wessen Seite? Und darf Matthias Sarah endlich ... hmm ... schwierig. Das Gespräch erreicht gerade seinen Höhepunkt, als die Gruppe ein Motorheulen hört. Und tatsächlich: Es ist etwas geschehen! Jürgen hat eine Entscheidung getroffen. Er hat sich – und Sarah – einen wunderschönen Sportwagen gekauft.

KERNPUNKTE UND ANWENDUNGSIDEEN

Story

- Eine Krise ist eine unmögliche Wahl, eine Entscheidung für das kleinere zweier Übel.
- Sie offenbart, wer die Protagonistin wirklich ist.
- Gute Geschichten beinhalten meist mindestens eine Krise.

Kommunikation

- In Krisenzeiten gilt es, schwierige und mit Verlusten verbundene Entscheidungen explizit zu adressieren.
- Zeigen Sie die Alternativen und erzählen Sie diese zu Ende.
- Nutzen Sie die Krisen bekannter Protagonistinnen als Metapher für die von Ihnen zu bewältigende Krise.

Change

- Finden Sie die fundamentale Krise.
- Treffen Sie Entscheidungen.
- Treffen Sie lieber viele mittelmäßige als wenige gute Entscheidungen.
- Nicht jede Entscheidung gilt es zu treffen. Manchmal lohnt es sich, die Krise schlichtweg auszusitzen. Aber auch das ist eine Entscheidung.

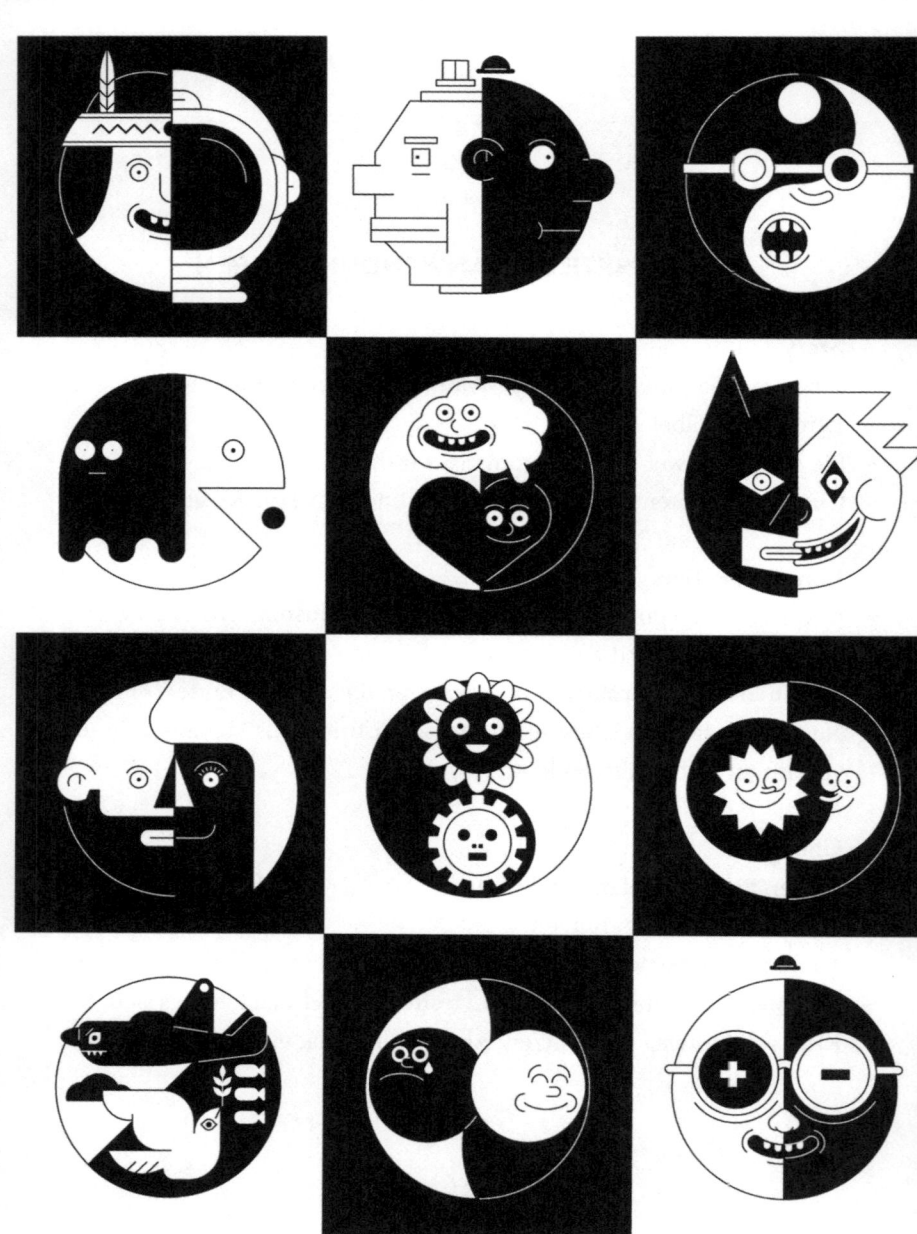

C WIE CONTRAST

Aus zwei mach eins, zwei und drei

Die westliche Geistesgeschichte ist geprägt vom Dualitätsprinzip. Gott schied das Licht von der Finsternis, das Feste vom Wasser, die Frau vom Mann. Der Philosoph René Descartes schied den Geist vom Leib. Und Leibniz die Eins von der Null.

Die Entzweiung und das Denken in Kontrasten sind zentrale Grundsätze menschlichen Denkens. Ich weiß erst, dass der Himmel blau ist, wenn ich weiß, dass die Wiese nicht blau ist. Ich weiß erst, dass die Wiese »real« ist, wenn ich weiß, dass es meine geplante Hütte darauf nicht ist. Jedes Kleinkind erkennt eines Tages: Ich bin ich. Du bist du. Und jedes Volk versteht sich erst dann als Volk, wenn es einem anderen Volk begegnet.

Doch wie heißt es so schön in *Batman*? »You either die a hero or you live long enough to see yourself become the villain.« Entweder du stirbst als Heldin, oder du lebst lange genug, um zur Schurkin zu werden. Ähnlich verhält es sich mit der Dualität. Bei all ihren Verdiensten wird sie allmählich zur Gefahr für die Menschheit.

Ihre größte Errungenschaft – die Digitalisierung – fördert immense Zentrifugalkräfte zutage. Dank Echokammern und Social-Media-Blasen treffen vorherrschende Meinungen nur noch auf ihresgleichen. Das System verunmöglicht einen ganzheitlichen Diskurs. Noch vor wenigen Jahren fiel der ehemalige amerikanische Präsident George W. Bush mit seiner »binären« Rhetorik auf. »Entweder ihr seid für uns, oder ihr seid gegen uns!«, sagte er zu den anderen westlichen Ländern im Kontext des geplanten Irakkrieges. Zwanzig Jahre später ist die Spaltung der Gesellschaft zur Norm geworden. Konsens und Kompromisse muten wie Relikte einer längst vergessenen Hochkultur an.

Oder Beispiel Umweltschutz: Ureinwohnerinnen wird nachgesagt, sie hätten in Einklang mit der Natur gelebt. Heute sieht sich der Mensch nicht mehr als Teil der Natur. Er ist ihr Gegenpol. Und hat somit keinen Grund mehr, sich um »Mutter Erde« zu kümmern.

Und auch in Organisationen lässt sich immer wieder beobachten, wie das duale Denken dem guten Wirtschaften im Weg steht. Insbesondere die Polarität von Alt und Neu wird immer wieder Opfer unfassbar reduktionistischen Denkens. Entweder wir verharren im von uns gewählten Pol und versuchen, diesen zu bewahren – koste es, was es wolle. Mehr Struktur, mehr Rationalität, mehr desselben. Oder wir geben uns der Illusion hin, das Neue möge das Alte reibungslos ablösen. Dank Großraumbüro braucht es keine Einzelzimmer mehr. Dank Agilität braucht es überhaupt keine Strukturen mehr. Das Alte mit dem Neuen kombinieren? Geht's noch? Alles neu macht der Mai!

Natürlich ist das mehr als verständlich. Wenn Pole aufeinandertreffen, entsteht Reibung. Reibung bedeutet Konflikt. Konflikt bedeutet Drama. Und Drama mag niemand. Es ist anstrengend, aufreibend und tut weh. Es gehört ausgelagert in die Welt der Geschichten und Fiktionen. In der Realität geben wir uns lieber der Fiktion hin, dass alles glatt und problemlos geht.

Doch ohne Reibung bewegt sich auch nichts. Pole müssen aufeinanderprallen, damit Entwicklung stattfindet. Das Neue muss auf das Alte, das Fremde auf das Vertraute treffen.

Diese Meinung vertrat bekanntlich bereits der deutsche Philosoph Georg Wilhelm Friedrich Hegel. Zur Auffrischung: Gemäß der »hegelschen Dialektik« wirkt in der Welt ein unendlicher Prozess aus Einheit (These),

Entzweiung (These und Antithese), Vereinigung und neuer Einheit (Synthese). Es entstehen hierbei immer aufs Neue Gegensätze, die es aktiv »aufzuheben« gilt. Und zwar in dreierlei Hinsicht:

– Erstens sind Spannungsfelder überlebenswichtig. Menschen sollen sie aufheben im Sinne eines Aufbewahrens. Sie müssen lernen, Widersprüche auszuhalten und deren Potenzial anzuerkennen.

– Zweitens sollen Gegensätze im Sinne eines Eliminierens aufgehoben werden.

– Und drittens müssen die Pole verbunden und so auf eine neue Ebene »gehoben« werden.

Tiefgreifende Veränderung beziehungsweise Entwicklung bedeutet, dass alle drei Formen des »Aufhebens« geschehen. Ein Beispiel ist das Aufeinanderprallen der beiden Ressourcen Arbeit und Kapital gegen Ende des 19. Jahrhunderts – während des Höhepunkts der Industrialisierung. Ausbeutung auf der einen, die Bildung von Gewerkschaften und Arbeiterparteien auf der anderen Seite. Im russischen Zarenreich und anderen Ländern mündete der Konflikt – nicht zuletzt dank Engels' und Marx' theoretischer Weiterentwicklung der hegelschen Dialektik – in kommunistischen Diktaturen. Im westlichen Europa und, etwas abgeschwächt, in Nordamerika entstand daraus das System der sozialen Marktwirtschaft. Die Polarität von Arbeit und Kapital wurde auf eine neue Ebene gehievt. Sie blieb erhalten, doch der Kontrast verblasste.

Vergleichbar ist auch die chinesische Philosophie des Taoismus. Die Prinzipien Yin und Yang repräsentieren die Spannungsfelder unseres Daseins. Wir müssen lernen, sie auszuhalten, auszubalancieren und immer wieder aufs Neue zu vereinen.

Doch wie gesagt ist es die Geschichte, das Drama, das zeigt, wie Veränderungswillige das Aufeinanderprallen von Polen und deren Synthese aktiv und bewusst gestalten können. Denn im Gegensatz zu Kategorien und Typologien, welche die Welt in starre, dualistische Ordnungen pressen, sind Geschichten fluide Gebilde, die die Aushandlung der Pole erzählen. Wie auch im Kapitel »C wie Construction« beschrieben, beginnen archetypische Geschichten mit einer Protagonistin in ihrer vertrauten Umgebung – der These. Manchmal handelt es sich um eine physische Umgebung. Dorothy aus Der *Zauberer von Oz* in ihrem heimischen Kansas, ein Ritter in seinem Schloss. Doch oft ist das Vertraute konzeptioneller Natur. Wie sieht die Protagonistin die Welt? Ist sie eine kleingeistige Rassistin? Eine geldgierige Managerin? Oder eine Pfarrerin mit einem scheinbar unumstößlichen Glauben an das Gute im Menschen?

Ins Rollen kommt die Geschichte dann, wenn das Fremde – die Antithese – über die vertraute Welt hereinbricht. Die Rassistin ist gezwungen, einen dunkelhäutigen Jungen bei sich aufzunehmen. Konservativ trifft auf liberal. Die Managerin sieht die Spur der Verwüstung, die ihre Firma in der Umwelt hinterlässt. Profitgier trifft auf Verantwortung. Und jemand ermordet den Hund der Pfarrerin. Gut trifft auf Böse.

Dann folgt besagte Verhandlung. Das Ringen der gegensätzlichen Weltanschauungen zeigt sich auf allen Ebenen. Die Rassistin und der Junge »beschnuppern« sich, streiten und entwickeln Verständnis füreinander. Gleichzeitig eskaliert auf der Straße der Konflikt zwischen den verschiedenen sozialen Sphären. Und natürlich hadert die Protagonistin vor allem mit sich selbst. Die Managerin kämpft ebenfalls an mehr als einer Front. Sie ringt mit Aktionärinnen, Umweltorganisationen, ihrem Team, ihrer Familie und mit sich selbst. Und beginnt die Pfarrerin erst ihren Rachefeldzug, treffen sogar Gott und Satan aufeinander (siehe auch »C wie Conflict« und »C wie Character«).

Am Ende hat die Protagonistin die Chance, das zu werden, was Mythologieforscherinnen »Herrin zweier Welten« nennen. Jetzt kann sie die Gegensätze aufheben. Zurückgekehrt aus der »Fremde«, bringt sie wertvolle Einsichten in ihre alte Welt. Das ist der schwierigste Teil. Die Rassistin mag ihre Ansicht geändert haben, doch ist sie auch bereit, ihre alte Umgebung zu einem Umdenken anzustiften? Ist es der Managerin gelungen, ethisch und profitabel zu wirtschaften? Und wie ist es der Pfarrerin ergangen?

Das Genre der romantischen Komödien veranschaulicht die Dialektik des Erzählens besonders gut. »Romcoms« beginnen oft mit einer Protagonistin in ihrer mehr oder weniger komfortablen Lebenswelt des Singledaseins. Es ist der Pol der Autonomie. Die Charaktere sind alleine, eigenständig und – zumindest an Sonntagabenden – ein wenig einsam. Dann lernen sie einander kennen, der fremde Pol der Affiliation, der Zweisamkeit oder Zugehörigkeit, bricht über sie hinein. These trifft auf Antithese. Zuerst ist das großartig und aufregend. Doch was ist das? Plötzlich entsteht etwas Neues: emotionale Tiefe. Auf diese folgt die Angst: Will Mann wirklich seine Sonntage damit verbringen, seine Schwiegereltern kennenzulernen? Gibt sich Frau damit zufrieden, ab sofort für den Rest des Lebens den Toilettendeckel herunterzuklappen? Sind die Liebenden bereit, Altes loszulassen? Die Aushandlung nimmt ihren Lauf. Schmetterlingsgefühle, Normalisierung, Streit, Misstrauen, Trennung, Versöhnung, neuer Versuch und so weiter. Und am Schluss folgt die Synthese aus Autonomie und Affiliation, aus Eigenständigkeit und Zuhause-Fühlen. Auch die Liebenden sind jetzt Herrinnen zweier Welten.

Doch wie sieht es in der Welt der »realen« Veränderungsprozesse aus? Natürlich ist diese komplexer, vernetzter und undurchschaubarer. Doch auch hier geben Polaritäten den Ton an. Und Veränderung gelingt nur, wenn die Betroffenen die Pole erkennen, reflektieren, thematisieren und ihre Aushandlung mitgestalten.

Damit dies gelingt, möchten wir zum Schluss dieses Kapitels ein paar zentrale Polaritäten in Erinnerung rufen:

– Da wäre erstens die zentrale Polarität von Alt gegen Neu oder auch Bekannt gegen Fremd, verbunden mit Konservieren und Erneuern sowie Konformieren und Rebellieren. Achten Sie mal darauf: Wer ist in welchem Lager? Welcher Teil in Ihnen ist in welchem Lager?

– Zweitens sind da die Ordnung und das Chaos. Wie im Kapitel »C wie Construction« besprochen: Viele gute Geschichten beginnen mit einer Form von Ordnung, die aufbricht, chaotisch wird und sich irgendwann, kraft der Protagonisten, wieder zu einer neuen Ordnung formt.

Diese ersten beiden Polaritäten laufen quasi außer Konkurrenz. Sie sind Bestandteil fast jeder Geschichte und jedes Veränderungsprozesses. Darüber hinaus erzählen die Geschichten und Veränderungen von der Verhandlung konzeptioneller Pole. Ein paar Beispiele:

– An die Polarität von Ordnung und Chaos knüpft jene von Kontrolle versus Anarchie an. Batman will das Schicksal seiner Heimatstadt unter »Kontrolle« bringen, sein Gegenspieler Joker, der selbst ernannte »Agent des Chaos«, will, dass dieses »regiert«.

– Die positive Variante davon ist Kontrolle versus Selbstorganisation. Zerfleischen sich die gestrandeten Kinder in *Der Herr der Fliegen* selbst, wenn man sie ihrem Schicksal überlässt, oder kommt es zu einem friedlichen Zusammenleben?

– Damit verwandt ist wiederum Starrheit versus Flüssigkeit. Will der Chef und Firmeninhaber strikte Strukturen und Verantwortlichkeiten, oder hört er auf den Neuling aus der HR-Abteilung, der die ganze Zeit von fluiden Strukturen redet?

Weitere für Geschichten produktive Polaritäten sind:

– rational versus intuitiv,
– feminin versus maskulin,
– analog versus digital,
– evolutionär versus revolutionär,
– konservativ versus liberal,
– eigenständig versus zugehörig,
– kompetitiv versus kollaborativ.

Und dann ist da natürlich noch die Polarität von *Change it!*: Terrain versus Karte. Oder auch: Realität versus Fiktion. Wirklichkeit versus Möglichkeit. Fakt versus Fiktion. Körper versus Geist. Wir haben es bereits in der Einführung geschrieben: Die harte Realität lässt sich nicht direkt verändern. Es braucht den Umweg über die Landkarte. Und am Ende gilt es, auch diese beiden Pole aufzuheben – und zwar wiederum in dreifacher Hinsicht. Wir müssen erstens akzeptieren, dass es sich bei Terrain und Landkarte überhaupt um eine Polarität handelt, dass sie eben nicht dasselbe sind (siehe auch »C wie Candor«). Zweitens müssen wir die beiden eng miteinander verzahnen und verschmelzen (siehe »C wie Correspondence«). Und drittens müssen wir die beiden Pole auf eine gemeinsame neue Ebene heben und so Neues erschaffen.

EIN BEISPIEL

Mittwoch, 14.3.2018, 11:20 Uhr im *New York*, dem größten Sitzungszimmer der Abteilung. Praktikant Mauricio präsentiert Personalchef Sigg seinen Management-Trend-Report.

»Agili-was?« Der Personalchef blickt zum ersten Mal von seiner Tageszeitung auf.

»Tät. Agilität, Herr Sigg«, antwortet Mauricio, »eine brandneue Managementform aus dem Silicon Valley. Ohne Strukturen und Hierarchien. Supereffizient.«

Sigg kneift die Augen zusammen, um die winzigen Bulletpoints zu entziffern. Vergeblich. »Silicon Valley, sagen Sie? Aha.«

»Habe ich im Master gelernt. Machen jetzt alle. Spotify hat's entwickelt.«

Scheint eine todsichere Sache zu sein, denkt sich Sigg, obwohl er keine Ahnung hat, wer dieser Spotify sein soll. Aber sein Boss liegt ihm schon länger mit der Forderung in den Ohren, er solle mal frischen Wind in den Laden bringen.

»Und die Wissenschaft unterstützt das?«

»Einhundert Prozent.«

Bereits wenige Wochen später hat Sigg die Geschäftsleitung überzeugt, jegliche Titel und Hierarchien aufzuheben – abgesehen von den eigenen natürlich. »Radical Change!« nennt es Sigg, der etwas wehmütig auf sein abschließbares Eckbüro zurückblickt. Mauricio hat noch was von Pilotierung und Testingphase geschwafelt. Aber Sigg wäre heute nicht da, wo er ist – im Großraumbüro, eingepfercht zwischen zwei Praktikantinnen, in einem Unternehmen auf Talfahrt –, wenn er gelernt hätte, das Alte mit dem Neuen sorgsam zu synthetisieren.

KERNPUNKTE UND ANWENDUNGSIDEEN

Story
- In den meisten Geschichten gibt eine Polarität den Ton an.
- Sie erzählen vom Aufeinanderprallen und der Synthese von These und Antithese.
- Dies zeigt sich auf allen Konfliktebenen.

Kommunikation
- Schälen Sie die zentralen Polaritäten heraus.
- Kommunizieren Sie diese kontrastreich.
- Und erzählen Sie, wie Sie die Pole in dreifacher Hinsicht aufzuheben gedenken: bewahrend, negierend und schöpfend/innovierend.

Change
- Welche Polaritäten prägen Ihr Vorhaben?
- Können Sie sich für eine Polarität entscheiden?
- Wie würde Hegel Ihr Vorhaben gestalten?

C WIE CONCEPTUALIZATION

Vergiss mein nicht

Jeden Tag prasseln Fantastilliarden von Reizen auf unsere Sinne nieder. Das menschliche Hirn muss hart arbeiten, um diese Einflüsse zu bewerten, zu filtern, zu bündeln, zu prozessieren und neu zusammenzusetzen. Was wir wahrnehmen, ist nur ein Abbild, eine Kopie der äußeren Wirklichkeit. In der Neurowissenschaft spricht man von »geteilten Halluzinationen«: Modelle, auf die sich der Großteil der Menschheit gerade mal so einigen kann. Doch diese sind reduziert, verzerrt und fehleranfällig. Es sind Landkarten, die dem Terrain nur so weit gerecht werden, dass wir uns in ihm zurechtfinden.

Das gilt auch für Geschichten und geschichtliche Erinnerungen.[33] Die innere Erzählerin ist nicht besonders zuverlässig:[34] Sie biegt insbesondere länger zurückliegende Erinnerungen so lange zurecht, bis sie wie eine monokausale und Sinn ergebende Geschichte anmuten. Das eine führt zum Nächsten führt zum Nächsten führt zum Nächsten ... (siehe auch das

33 Psychologen unterscheiden zwischen zwei Formen des Langzeitgedächtnisses: Im prozeduralen Gedächtnis speichern wir unser Wissen über Handlungsabläufe und Fertigkeiten, die wir trainieren können. Im deklarativen Gedächtnis geht es um Inhalte. Dabei wird wiederum zwischen zwei Unterformen unterschieden. Zum einen das semantische Gedächtnis: Darin ist unser Weltwissen enthalten, also zum Beispiel unser Wissen, dass London die Hauptstadt Englands ist. Zum anderen das episodische Gedächtnis: Dieses umfasst Ereignisse und Tatsachen aus dem eigenen Leben sowie aus Geschichten. Hier sind wir im Erinnerten als Teilnehmer immer dabei, weshalb diese Form des Gedächtnisses einen höheren emotionalen und sinnlichen Gehalt hat.
34 Der literaturwissenschaftliche Begriff »Unzuverlässige Erzählerin« bezieht sich auf eine narrative Instanz, die unser Vertrauen schamlos missbraucht. Im Film *Fight Club* zum Beispiel lässt Edward Norton das Publikum bis fast zum Schluss im Glauben, Tyler Durden sei eine andere Person als er selbst.

Kapitel »C wie Causality«). Manchmal füllt sie inhaltliche Lücken gar schamlos mit Fiktionen: In einem Experiment etwa wurden die Probandinnen gebeten, Geschichten zu Fotos ihrer Kindheit zu erzählen. Dass darunter auch Bilder von Ereignissen waren, welche die Teilnehmenden nicht selbst erlebt hatten, schien sie jedoch nicht zu stören. Im Gegenteil: Sie erzählten einfach irgendetwas.

Vor allem aber reduziert die innere Erzählerin Erinnerungen auf platzsparende Highlight-Reels. Denn das Gehirn bewertet Momente unterschiedlich. Auf der einen Seite sind da die erinnerungswürdigen Schlüsselmomente, auf der anderen Seite die Momente zum Vergessen.

Es ist wie in der griechischen Mythologie. Dort streiten zwei Götter um die Vorherrschaft über die Zeit. Chronos ist der Gott der Zeit im Sinne eines gleichmäßigen und messbaren Kontinuums, oft dargestellt als horizontale Achse. Er ist ein erbarmungsloser Gott, der seine eigenen Kinder frisst. Niemand ist vor ihm sicher. Aber es ist Chronos' weniger bekannter spitzbübischer Gegenspieler, der die (gefühlte[n]) Geschichte(n) der Menschheit schreibt. Denn Kairos ist der Gott der Augenblicke. Seine Zeit zeigt sich in einer qualitativen Tiefendimension. Er entscheidet, wie die Wirklichkeit zur Geschichte wird.

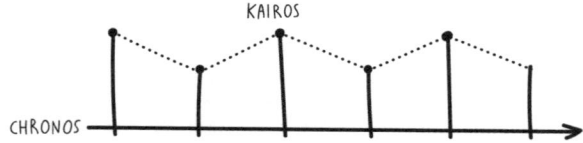

Doch nach welchen Kriterien bewertet Kairos die Zeit? Was zeichnet erinnerungswürdige Schlüsselmomente aus? Gemäß dem Peak-End-Modell, das auf die Psychologen Barbara Fredrickson und Daniel Kahneman zurückgeht, bleiben in unserer Erinnerung fast nur die Höhe- und Tiefpunkte, also die »Peaks«, sowie die Enden beziehungsweise die Übergänge von Ereignissen hängen.

– Die Spitzen bleiben in Erinnerung, da starke Gefühle helfen, Erlebtes »einzubrennen«. Wann haben wir uns besonders gut, wann besonders schlecht gefühlt?

– Die Enden beziehungsweise Übergänge bleiben in Erinnerung, da das Gehirn vor allem Kontraste und Veränderungen wahrnimmt. Wie unterschied sich das Ereignis vom nächsten Ereignis? Und wie haben wir uns hierbei gefühlt?

Auf dem Peak-End-Modell aufbauend, liefern die beiden Brüder (das kommt immer gut) Chip und Dan Heath eine ergänzende Typologie besonders positiver, erinnerungswürdiger Momente.

– **Insight-Momente,** also Einsichts- oder Aha-Momente, sind jene, in denen wir etwas Spannendes gelernt haben. Diese sind besonders nachhaltig, wenn wir uns das Wissen selbst erarbeitet haben.

– **Stolz-Momente** entstehen durch das Treffen mutiger Entscheidungen, das Erhalten von Anerkennung oder das Erreichen von Meilensteinen.

- **Elevation-Momente** reißen uns aus dem Trott. Es sind überraschende oder schlicht neue Momente, bei denen die Emotionen hochgehen. Die Forscher sprechen hier auch von »Breaking the Script«-Momenten, also Erlebnissen, die vom erwarteten Drehbuch abweichen.

- **Connection-Momente** sind jene, die wir mit anderen teilen und in denen wir Gefühle nicht alleine, sondern gemeinsam erleben.[35]

Und damit auch Sie jetzt einen Insight-Moment haben: Was bringt das alles für *Change it!*?

Erstens hilft das Peak-End-Modell, bessere Geschichten zu schreiben. Sie zeigen, welche Szenen interessant sind und auf welche das Publikum verzichten kann. Das Skelett guter Geschichten setzt sich folglich aus drei Arten sogenannter Plotpunkte zusammen: Höhepunkte, Tiefpunkte und Wendungen. Den Rest reimt sich das Publikum selbst zusammen (siehe auch »C wie Cut« und »C wie Construction«).

Zweitens hilft das Modell, effizientere Strategien, Initiativen, Trainingspläne und so weiter zu schmieden und diese erfolgreich umzusetzen. Setzen Sie Meilensteine, planen Sie das Feiern von Höhepunkten und antizipieren Sie Tiefpunkte. Aber schaffen Sie auch Zwischenräume zur freien Ausgestaltung (siehe auch »C wie Co-Creation«).

Und drittens hilft das Modell, einzelne Ereignisse einprägsamer und positiver zu gestalten. Beispiel Fitnessstudio: Stellen Sie sicher, dass Sie

---

35 Natürlich bleiben auch die negativen Varianten dieser Momente – Unverständnis, Scham, Schock, Einsamkeit – im Gedächtnis. Doch die Forscher wollten vor allem wissen, wie erbauliche Erinnerungen zustande kommen und aktiv kreiert werden können: von Spielefirmen, Kundenservices oder Menschen, die im Gesundheitswesen arbeiten.

während der schlimmsten Übung einen besonders angenehmen Song hören oder dass die letzte und somit am ehesten in Erinnerung bleibende Übung eine einfache ist. Dann steigen die Chancen, dass Sie zurückkehren und dranbleiben (siehe auch »C wie Commitment«).

EIN BEISPIEL

So was hatte Greg noch nie erlebt. Nach nur zwei Besprechungen hatte die Geschäftsleitung beschlossen, BRide, eine nordschwedische Community-App für Motorradfahrer, zu akquirieren. Was den Preis betraf, hatte man Stillschweigen vereinbart. Aber die Tatsache, dass sich der exzentrische Gründer Jonas kurz darauf ein Schloss kaufte und ein Filmstudio eröffnete, trieb sogar die sonst so zurückhaltende Plattform Techster.de zu wilden Spekulationen.

Greg würde jetzt auch lieber durch seinen Schlosspark schlendern und sich Science-Fiction-Ideen ausdenken. Stattdessen hat er den Auftrag, die Eingliederung des BRide-Teams in den süddeutschen Mutterkonzern so zackig und schmerzlos wie nur möglich zu gestalten. Was sich bei der eingeschweißten Truppe aus Programmierern, Designern und Mitgliedern verschiedenster Bikergangs als echte Herausforderung entpuppt.

In seinem fensterlosen Büro betrachtet er den aus Post-its und Backpapier fabrizierten, sauber gestaffelten Prozessplan. Gemäß der Gruppenleitung müssen bis Ende des Jahres alle Mitarbeitenden und Produkte von BRide mit jenen des Konzerns verschmelzen. Schwierig ...

April: Integration des Designteams in die Marketingabteilung; Juli: Überführung der Applikation in die hauseigene IT-Architektur; Dezember: Endgültige Auflösung der Marke »BRide« ... Aber so wird das nichts,

denkt sich Greg und überklebt einen der Brandflecken auf dem Backpapier, die vom ersten Versuch zeugen, den Prozessplan der BRide-DevOps-
Abteilung schmackhaft zu machen. (»Frihet!«, hatten die beiden blonden
Hühnen Hjalmar und Olle gejauchzt und ihre Feuerzeuge gezückt. Keine
schöne Erinnerung.)

Dann plötzlich die zündende Idee. Wie hatte Gregs ehemalige Chefin
immer gesagt? Wandel ist Geschichte. Geschichte ist Wandel! Er fügt dem
Plan mittels einer roten Wollschnur eine weitere Ebene hinzu: jene der
Emotionen. Noch sieht es nicht gut aus. Ein Tiefpunkt jagt den nächsten.
Doch immerhin ist Greg jetzt klar: Er muss für Höhepunkte sorgen und
besagte Tiefpunkte abschwächen. Alleine schafft er das nicht. Er nimmt seinen ganzen Mut zusammen und verfasst eine Mail an Hjalmar, Olle und
zwei andere besonders renitente BRiders: »Jag behöver er hjälp ...«

Die ersten Meetings verlaufen harzig, doch nach spätaberdlichen Gesprächen über die Unfähigkeit der Gruppenleitung, den neuen X14-Motor
sowie die Vorzüge deutschen Biers und schwedischen Brännvins gewinnt
Greg das Vertrauen der Jungs. Gemeinsam beschließen sie, jedes verlorene
Stück »BRide-Land« mit einer Beerdigung zu betrauern – und zu betrin-
ken. Zudem werden erreichte Meilensteine mit Abzeichen belohnt, soll
eine Resonanzgruppe den Austausch von Erfahrungen und Einsichten fördern und willigt die Gruppenleitung ein, im Oktober die Überraschung
zu verkünden, dass der Markenname »BRide« nun doch bestehen bleibt.
Nach und nach verändert sich der rote Wollfaden. Er wird welliger und
rutscht langsam nach »Norden«.

Ein Jahr später sitzen Greg, Hjalmar, Olle und die anderen im Kino
und warten darauf, dass der Vorhang aufgeht.

»War schon eine wilde Zeit«, sagt Hjalmar und nippt an einem Maßkrug, der in seinen Pranken wie ein Glas Kölsch anmutet.

»Schon schräg«, sinniert Greg, »rational weiß ich ja, dass wir viel gestritten und gelitten haben, aber rückblickend sieht der ganze Change-Prozess irgendwie rosig aus.«

»Ist vielleicht, weil du ständig besoffen warst«, grunzt Olle und verzieht seinen Mund zu einem seltenen Lächeln. Dann geht das Licht aus, und der Titel erscheint: »BRiders of Justice. Von, mit und über Jonas Ornedal«.

KERNPUNKTE UND ANWENDUNGSIDEEN

Story
- Das Skelett von Geschichten besteht aus Plotpoints.
- Plotpoints können Höhe- und Tiefpunkte sowie Wendungen und Übergänge sein.

Kommunikation
- Antizipieren, adressieren und gegebenenfalls zelebrieren Sie Schlüsselmomente.
- Dazu zählen – nochmals – Höhe- und Tiefpunkte sowie Wendungen und Übergänge.

Change
- Gestalten Sie die Schlüsselmomente Ihres Vorhabens aktiv.
- Federn Sie Tiefpunkte ab.
- Inszenieren und zelebrieren Sie Höhepunkte durch Insight- und Stolz-Momente, Überraschungen und das gemeinsame Erleben positiver Emotionen.
- Gestalten Sie Übergänge möglichst sanft und angenehm.
- Vertrauen Sie darauf, dass sich alle Nicht-Schlüsselmomente von selbst gestalten.

C WIE CORRESPONDENCE

Survival of the fittest

Wer ein Haus umbaut, braucht einen Plan. Doch wer schon mal ein Haus umgebaut hat, weiß auch, dass sich der Plan während des Umbaus oft ändert. Man entdeckt neue Mängel, im Kellergewölbe finden sich Giftstoffe, und der Ehemann merkt, dass er statt eines Fitnessraums doch lieber eine Bar will. Genauso wie der Plan die Realität verändert, verändert die Realität auch den Plan – kontinuierlich.

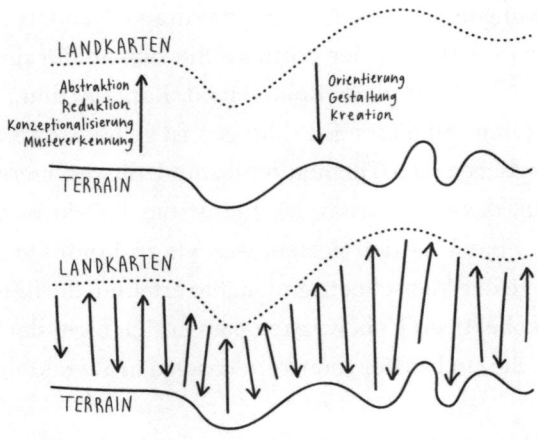

Das ist nicht nur so beim Häuserbau. Denken Sie an den überarbeiteten Unternehmensberater, der nach 134,7 (verrechneten) Arbeitstagen dem

Aufsichtsrat die neue Strategie vorstellt, nur um zu erfahren, dass sich die Marktlage in der Zwischenzeit komplett gedreht hat. Oder an den CEO, der verzweifelt an seinen vier strategischen Feldern festhält, obwohl eine neue Technologie das Feld »Führend in der Fax-Technologie« überflüssig gemacht hat.

Um über einen längeren Zeitraum zu funktionieren, müssen Geschichten – inklusive Strategien, Pläne, Vorhaben und so weiter – mit der Welt korrespondieren. Dafür bedarf es vier Kriterien.

Erstens brauchen langlebige Geschichten eine Prise **Universalität**. Es gibt Erzählungen, die in allen Kontexten und Umfeldern funktionieren, denen der Spagat zwischen dem Spezifischen und Generellen besonders gut gelingt. Denken Sie an die großen Klassiker, die Ihnen im Gymnasium aufgezwungen wurden. Die Gretchenfrage. Hamlets Zauderei im Lichte der Ungewissheit. Oder erinnern Sie sich an die zeitlosen Märchen der Gebrüder Grimm, an Robin Hood, König Arthur, an die Bibel oder an den Koran. All diesen Erzählungen ist gemein, dass ihre Grundstrukturen, Aussagen oder Themen zeitlos sind. Sie resonieren mit unserem Innersten, das Carl Gustav Jung einst das kollektive Unbewusste nannte. Es ist eine Reflexion dessen, was wir an Konflikten und Erfahrungen im Zuge der Menschheitsgeschichte erfahren durften. Geschichten aus dem kollektiven Unbewussten passen sich nicht der Realität an. Im Gegenteil. Sie sind so tief verankert, dass sie in allen Kontexten funktionieren.

Für jeden Hausbau brauchen Sie die immer gleichen Grundelemente: Wände, Türen, Fenster, Böden und Decken. Das Gleiche gilt für gesellschaftlichen und psychologischen Wandel. Nutzen Sie zeitlose Erzählungen, um Ihre Geschichte zu erzählen. Stellen Sie Ihre Gretchenfrage, zeichnen Sie Ihren Mephisto, schreiben Sie Ihre zehn Gebote, aber orientieren Sie sich an den Giganten, auf deren Schultern Sie stehen. Ihre Zuhörer werden mit ganz wenigen Informationen wissen, was Sie ihnen sagen möchten. Es steht Ihnen frei, die Schatzkiste an berühmten Erzählungen zu plündern und nach Ihrem Gusto anzuwenden. Denn wenn der Kern Ihrer Geschichte stimmt, können Sie diese über die Zeit immer wieder den veränderten Bedürfnissen Ihres Publikums anpassen (siehe auch »C wie UnConscious«, »C wie Construction«, »C wie Comparison«, »C wie Character«).

Adaptivität ist denn auch das zweite Kriterium langlebiger Geschichten. Strateginnen unterschiedlichster Domänen tun sich seit Anbeginn der Menschheit schwer damit, dass ihre ausgeklügelten Pläne an der Realität scheitern. Die Welt ist eben kein Schachbrett, sondern ein chaotischer Dschungel. Mike Tyson, ehemaliger Boxweltmeister im Schwergewicht, hat es schön formuliert: »Everybody has plans until he gets punched in the face.« Alle haben Pläne, bis sie jemand ins Gesicht schlägt.

Entscheidend ist, dass Pläne die großen Linien vorgeben, aber immer noch genug Freiräume lassen, sich fortwährend an ein sich veränderndes Umfeld anzupassen. Der britische Historiker Lawrence Freedman kommt nach sechshundert Seiten über die Geschichte des strategischen Denkens zum Schluss, dass Strategien am Ende auf guten »adaptiven Narrativen« basieren. Die Strategin schreibt nicht das Drehbuch eines abgeschlossenen Films, der nach ein paar Wochen in den Archiven der Programmkinos und Cinematheken verschwindet. Sie ist »Showrunner« einer kontinuierlichen TV-Show. Gute Serien, Comics und Fantasy-Reihen werden oft über Jahre hinweg erzählt. Sie überleben verrückte Schauspielerinnen, sich verändernde Skylines und globale Pandemien. In der

Serie *Two and a Half Men* wurde nach dem durch eine Psychose bedingten Ausfall des Schauspielers Charlie Sheen kurzerhand Ashton Kutcher als neuer Darsteller der Hauptfigur etabliert, was der Popularität der Serie keinen Abbruch tat. Nach dem 11. September 2001 wurden die Zwillingstürme aus dem Vorspann der Serie *Friends* entfernt, und in *This Is Us* trugen die Schauspieler nach dem Ausbruch der Covid-19-Pandemie plötzlich Masken (siehe auch »C wie Continuation«).

Besonders geübt darin, ihre Modelle der Wirklichkeit kontinuierlich zu überdenken und anzupassen, sind erfolgreiche Unternehmerinnen. Sie wissen: Das einzig Erwartbare ist das Unerwartete. Entrepreneurship-Forscherin Saras Sarasvathy etwa beschreibt, dass fast alle erfolgreichen Gründerinnen ihre anfangs gesetzten Ziele loslassen, um Raum für erfolgversprechendere Opportunitäten zu schaffen. Wie Kolumbus, sagt sie, nutzen sie eine Verheißung oder ein Problem, um überhaupt »ins Tun zu kommen« – doch am Ende entdecken sie statt eines Seeweges nach Indien einen neuen Kontinent. Passend dazu hat der in *Change it!* ja schon mehrfach zitierte Mythenforscher Joseph Campbell einen schönen Kalenderspruch verfasst: »We must be willing to let go of the life we planned, so as to have the life that is waiting for us.« Wir müssen bereit sein, das Leben, das wir geplant haben, loszulassen, um das Leben zu leben, welches auf uns wartet.

Für inhaltliche Adaptivität bedarf es medialer **Fluidität** – dies ist das dritte Kriterium langlebiger Geschichten. Eine schöne Metapher dafür findet sich in Roahld Dahls »Kinderbuch« *Hexen hexen*[36]. Darin wird das

---

[36] Dieses wurde erst kürzlich neu verfilmt. Wir erinnern uns aber vor allem an die unheimlich unheimliche Adaption von Nicolas Roeg aus dem Jahre 1990. Schauder.

Mädchen Solveg verhext und taucht plötzlich in einem Ölgemälde eines Bauernhofs (auf das ihre Familie sehr stolz war) als gemalte Version wieder auf. Tag für Tag verändert sich ihre Position im Bild. Einmal füttert sie die Enten, ein andermal schaut sie durchs Fenster des Bauernhauses. Doch nie sieht jemand, wie sie sich bewegt. Und über die Jahre wird Solveg älter. Bis sie eines Tages, inzwischen eine alte Frau, für immer aus dem Gemälde verschwindet.

Prozesspläne, Strategien, Visualisierungen aller Art dürfen es dem Gemälde gleichtun. Denn nur »lebendige Dokumente« sind gute Dokumente. Von Martin Eppler, Professor für Kommunikation an der Universität St. Gallen, kennen wir beispielsweise den Begriff der Notation. Er beschreibt damit eine skizzenhafte Visualisierung beziehungsweise ein Modell, das mit der sich verändernden Umwelt Schritt hält. Im Falle von Veränderungsprozessen schlägt er vor – passend zum Begriff der Fluidität –, eine Welle zu benutzen, die Managerinnen immer wieder aufs Neue zeichnen und die sich so in ihrer Form kontinuierlich verändert. Dies erlaubt es, einen fortwährenden und visuell sichtbaren Soll-Ist-Abgleich zu machen und den Plan immer wieder an unvorhergesehene Ereignisse anzupassen.

Das vierte Kriterium für langlebige Geschichten schließlich ist das der **Pluralität.** Haben Sie einmal die Netflix-Konten Ihrer Freunde oder Familienmitglieder miteinander verglichen? Nicht nur unterscheiden sich diese hinsichtlich der vorgeschlagenen Filme und Serien. Auch die Vorschaubilder der einzelnen Werke sind auf die vermeintlichen Bedürfnisse der Zuschauenden zugeschnitten. Im Falle von *Mission Impossible* zeigt Netflix dem Nutzer »Andri« Tom Cruise auf einem explodierenden Zug, »Shirin« Tom Cruise in Unterhosen und »Dr. Gieri« Tom Cruise als Wissenschaftler im Labor (so ungefähr zumindest). Langlebige Geschichten sind wie Schweizer Taschenmesser. Trotz ihrer Kompaktheit ist für alle etwas dabei: verschiedene Charaktere, Erzählstränge, Motive und viel Interpretationsspielraum.

Und gute Erzählerinnen arbeiten mit mehr als einer Geschichte. In einem viel beachteten Vortrag auf der Ideenplattform TED.com warnt die nigerianische Schriftstellerin Chimamanda Ngozi Adichie gar vor den Gefahren einer »single story«. Sie beschreibt, wie sie als »Afrikanerin« mit den immer gleichen Narrativen des armen, bedürftigen Kontinents konfrontiert wurde – statt dass man dessen Vielschichtigkeit und Widersprüchlichkeit mit einer Vielzahl ebenso widersprüchlicher und vielschichtiger Geschichten begegnet.

Auch für den Hausbau reicht eine einzige Blaupause nicht aus. Die Architektin braucht andere Pläne als die Ingenieurin, die Malerin andere als die Elektrikerin. Dasselbe gilt für die Managerin: Sie arbeitet mit einem pluralistischen Modell von Plänen, Strategien und anderen »Geschichten«, um sich ihrer komplexen Umwelt anzunähern. Und sie weiß, dass sie diese niemals in ihrer Gesamtheit erfassen, geschweige denn sich ihrer voll und ganz bemächtigen wird (siehe auch unser Buch *Reframe it!*, das die Annäherung an Komplexität mittels einer Vielzahl von Linsen oder Frames beschreibt).

Fassen wir zusammen: Damit Ihre Veränderungsgeschichte von einem langen, wirksamen Leben gesegnet ist, darf sie sich aufplustern wie ein PFAU. Sprich: Sie darf pluralistisch, fluid, adaptiv und mit Universalien gespickt sein. Dann – und nur dann – gelingt das für Veränderung und Fortschritt so wichtige Wechselspiel zwischen Fakt und Fiktion.

EIN BEISPIEL

Nach der fünften Niederlage in Folge bekommt Coach Kuno ein Ultimatum. Wenn er nicht zwei der nächsten drei Spiele gewinnt, muss er sich eine neue Stelle suchen. Dabei hat er den Job nie mehr gebraucht. Als Profifußballer hat er Millionen verdient. Doch zwei Scheidungen und drei Kids in Nobelinternaten haben tiefe Kerben in Kunos Konto hinterlassen.

Reiß dich zusammen, sagt er sich und geht ausnahmsweise ohne doppelten Whisky ins Bett. Den Vorbereitungstag verbringt er mit Assistenzcoach Karl zwischen Whiteboard und Flachbildschirm. Ihre Strategie könnte ausgeklügelter nicht sein. Für jede gegnerische Aufstellung, für jede Standardsituation entwickeln sie einen bombensicheren Plan.

Anpfiff. Christiansen spielt auf Garcia. Der zieht über die Rechte in Richtung Tor. Genau wie im Training. Flanke. Der Ball prallt am Verteidiger ab – und zurück an Garcias Kopf. Diagnose: Gehirnerschütterung. Mannschaft: zerstreut. Resultat: 0:4 (inklusive eines Eigentors).

Die erste Chance ist vertan. Jetzt muss Kuno liefern. Während er schlaflos im Haus herumgeistert und ein Glas Whisky nach dem anderen trinkt, fällt sein Blick auf eines der wenigen Gemälde, die seine Ex-Frau zurückgelassen hat (was wahrscheinlich daran liegt, dass es seine Ex-Ex-Frau gemalt hat). Es zeigt einen stolzen Pfau und erinnert Kuno sogleich an seine Trainerausbildung. »Das ist es. PFAU!«, ruft er laut. Vor Aufregung flutscht ihm das beschlagene Glas durch die Finger, knallt auf den Marmorboden und zerbirst in tausend Teile. Aber das ist Kuno jetzt egal.

In der Garderobe brieft er seine Mannschaft. »Jungs, wir haben vergessen, worum es wirklich geht. Tore. Siegen. Kämpfen. Ihr seid verdammte Gladiatoren! Also benehmt euch gefälligst so. Alles andere ist Nebensache.«

»Aber was ist mit der Taktik?«, fragt Christiansen.

»Die ist gut. Aber wir müssen fluid bleiben. Hört ihr? Man kann nicht zweimal in den gleichen Fluss steigen. Im Gegenteil: Wir SIND der Fluss.«

In Christiansens Kopf explodieren die Synapsen. Lautlos die Lippen bewegend, wiederholt er: Wir sind der Fluss. Wow.

Die nächsten fünfundvierzig Minuten verbringt Kuno so nahe an der Linie, dass ihn der Schiri mehrfach verwarnt. Kuno fuchtelt mit den Armen und schreit sich die Kehle wund. 0:0. Wie im Rausch übermalt er in der Pause das Whiteboard bis zur Unkenntlichkeit. Sein Plan wird zur Wirklichkeit, seine Wirklichkeit zum Plan. Und als ihm nach Christiansens verschossenem Elfmeter in der 69. die Stimme versagt, lässt er sogar mal Karl für ein paar Minuten ran. Ganz nach dem Motto: Zwei Strategien sind besser als keine Strategie.

Abpfiff.
Kunos Gladiatoren gewinnen das Spiel 1:0.
Auf zum Grande Finale.

KERNPUNKTE UND ANWENDUNGSIDEEN

Story
– Langlebige Geschichten korrespondieren kontinuierlich mit der Realität. Diese PFAU-Geschichten ...
  – sind pluralistisch, das heißt, für alle ist etwas dabei,
  – nutzen die Fluidität ihrer Trägermedien,
  – passen sich an immer neue Gegebenheiten an
  – und sind gespickt mit kulturellen Universalien.

Kommunikation
– Nutzen Sie PFAU, um Ihre Botschaft nachhaltig zu gestalten und zu verankern ...

Change
– ... und Ihren Plan fortwährend mit der Realität abzugleichen. Nur so halten Sie ihn am Leben.

C WIE CHAPTER

Zur besseren Verdauung

Zur Wiederholung: Wer an der Gestaltung der Welt teilhaben will, muss diese so weit abstrahieren und konzeptionalisieren, dass sie als lineares, kausal zusammenhängendes und überschaubares Konstrukt mit klar ersichtlichen Stellschrauben erscheint. Sprich: als Geschichte.

Ein Element, das eine solche auszeichnet, ist die Einteilung in Kapitel. Sie sind die Satzzeichen der Geschichten. Sie erinnern uns an das große Ganze, an das Big Picture, bringen uns dazu, innezuhalten und uns zu orientieren. Sie fühlen sich gut an.

Der Unterhaltungsindustrie ist das längst klar. Megabestsellerautor James Patterson setzt alle drei Seiten einen neuen Titel. Sachbücher, deren Kapitel in eine Toilettenpause passen, lesen sich besser als Steven Pinkers endlose Grübeleien. Und Streamingdienste unterteilen ihre Filme inzwischen in sechs oder mehr Teile und nennen sie Serien.

Aber auch in der Realität helfen Kapitel, die Welt nicht als breiiges Kontinuum zu erleben, sondern als einen Raum, der sich verstehen und beeinflussen lässt. Religionen etwa gliedern das Leben in überschaubare Brocken mit Feiertagen, Ritualen oder Pilgerreisen. Viele Managementmodelle tun dasselbe. Das in den letzten Jahren ebenfalls fast schon zur Religion gewordene Scrum[37] beispielsweise ist nicht viel mehr als ein

---

37 Wikipedia:»Scrum (aus englisch scrum für ›Gedränge‹) ist ein Vorgehensmodell des Projekt- und Produktmanagements, insbesondere zur agilen Softwareentwicklung. Es wurde ursprünglich in der Softwaretechnik entwickelt, ist aber davon unabhängig. Scrum wird inzwischen in vielen anderen Bereichen eingesetzt. Es ist eine Umsetzung von Lean Development für das Projektmanagement.«

Zerstückelungsinstrument. Doch es unterteilt komplexe Vorhaben nicht nur in überschau- und bewältigbare Einzelteile, sogenannte Sprints. Es überlässt es auch den Teilnehmern, diese Einteilung selbstorganisiert vorzunehmen und immer wieder an die Realität anzupassen (siehe auch »C wie Correspondence«).

Aber egal ob Taufen, Beerdigungen, Objectives and Key Results oder Gantt-Diagramme: Wichtig ist, jedes Vorhaben in überschaubare und zeitlich gebundene Phasen, Stufen oder eben Kapitel einzuteilen.

Und jedes Kapitel ist eine Geschichte in der Geschichte. Es hat einen Anfang, eine Mitte, ein Ende. Es hat eine Ausgangslage, ein herausforderndes Problem, die Suche nach einer Lösung und ein gutes/lehrreiches/einschneidendes/denkwürdiges/orgiastisches Ende (siehe auch »C wie Construction«).

DER ANFANG

In Hermann Hesses berühmtem Gedicht »Stufen« heißt es: »Und jedem Anfang wohnt ein Zauber inne«. Oder denken Sie an das englische Verb *to start*. Dieses bedeutet nicht nur anfangen, sondern auch aufschrecken. Genau darum geht es.

Nutzen Sie den Beginn jeder Phase für eine Standortbestimmung und Reenergetisierung Ihres Vorhabens. Forschungen zeigen, dass mit jedem Neuanfang – Umzug, Stellenwechsel, Geburt, Trennung – Verhaltensänderungen leichter gelingen und länger anhalten. Und entgegen der landläufigen Meinung, gute Vorsätze zum neuen Jahr brächten nichts, belegen Statistiken, dass diese viel effektiver sind als Vorsätze zu anderen, willkürlichen Zeitpunkten.

DIE MITTE

In der tollen amerikanischen Serie *This Is Us* heißt es einmal: »Die Mitten sind am schwierigsten, denn in den Mitten kannst du dich wirklich verlieren.«[38] Stellen Sie sicher, dass jede Phase aus einer Herausforderung besteht. Welches ist das zentrale Problem, was könnte die Lösung sein? Sind »Check-ins« nötig? Sprich, muss sich die (innere) Chefin, Auftraggeberin, Coachin oder Therapeutin hie und da für ein Zwischenfeedback mit den Beteiligten zusammensetzen oder mögliche Tiefpunkte adressieren? Oder müssen sich diese ein Stück weit »verlieren«? Bekanntlich braucht es manchmal Leere, um Altes abzustreifen und Neues zu schöpfen (siehe auch »C wie Ceremony«).

DAS ENDE

Der Schluss ist das, was in Erinnerung bleibt. Stellen Sie am Ende jeder Phase sicher, dass es sich um einen Höhepunkt handelt, der gebührend gefeiert wird (siehe auch »C wie Conceptualization«). Treffen Sie aber auch schwierige Entscheidungen, und stellen Sie sicher, dass Ballast abgeworfen wird (siehe auch »C wie Crisis«). Schaffen Sie Raum für Reflexion und Austausch von Lernerlebnissen. Überlegen Sie, wie Sie einen Cliffhanger setzen können, um die Energie in die nächste Phase überzuleiten (siehe auch »C wie Continuation«). Und stellen Sie sicher, dass es zwischen dem Ende dieser Phase und dem Anfang der nächsten eine Pause gibt (siehe auch »C wie Cut«).

---

38 Auf Englisch: »Middles are the hardest, because that's when you can get really lost.«

Natürlich es ist kein einfaches Unterfangen, fiktive oder künstliche Kapitelgrenzen durchzusetzen. Wir erleben im Alltag immer wieder, dass intern gesetzte Deadlines nicht annähernd die gleiche Wirkung entfalten wie fremdbestimmte. Doch eine Reihe von (Selbst-)Führungstricks schafft Abhilfe: Laden Sie die Anfänge, Mitten und Enden mittels Ritualen auf. Feiern Sie auf Baustellen Richtfeste. Zum Beginn und Ende von Dreharbeiten Partys (siehe auch »C wie Ceremony«). Belohnen Sie eingehaltene und bestrafen Sie nicht eingehaltene Fristen (siehe auch »C wie Commitment«). Und der wie immer wichtigste Führungsgrundsatz: Leben Sie das gewünschte Verhalten selbst vor.

EIN BEISPIEL

Für die berühmte Psychiaterin Dr. Francine Doinel war der Fall bereits nach der zweiten Sitzung klar. Hans steckt in einer zutiefst pathologischen, kodependent-symbiotischen Beziehung. Und jetzt, nach Jahren intensivster Therapie, hat das endlich auch ihr Patient verstanden. Hans hat realisiert: Er MUSS sich von dieser hochgradig narzisstisch gestörten Frau lösen. Doch wie? Weitere Monate verstreichen. Nach jeder Sitzung nimmt sich Hans fest vor: Heute Abend rede ich mit Karoline! Heute Abend mach ich's. Ja, genau.

Schließlich hat Dr. Doinel eine Eingebung. Sie zeichnet eine Mauer auf das Flipchart und sagt mit sonorer Stimme: »Hinter dieser Mauer steckt die Freiheit.« Dann malt sie eine Treppe mit zehn Stufen vor die Mauer und weist Hans an, sein Vorhaben in einzelne Schritte zu unterteilen. Es folgt eine hitzige Sitzung, in welcher die beiden jede einzelne Phase aushandeln. Eins: Liste mit schlimmen Beziehungserlebnissen schreiben.

Zwei: Wochenende alleine verbringen. Drei: Bett fürs Büro kaufen. Vier: Virtuelle Affäre suchen. Fünf: Echte Affäre anfangen. Und so weiter und so fort. Und tatsächlich. Drei Tage, einen Besuch bei Ikea und ein paar zerbrochene Tassen später ist Hans endlich frei. Frei, frei, frei!

»Weißt du, Francine, die Phasen sechs bis zehn wären gar nicht nötig gewesen«, sagt er und schmiegt seinen Kopf an Dr. Doinels warme Brüste.

»Ach«, sagt diese abwesend und schaut aus dem Hotelzimmerfenster über die Dächer der Altstadt. Sie ist in Gedanken längst bei ihrem nächsten Bestseller: *Die Treppentrennung. In zehn Stufen zur Freiheit.*

KERNPUNKTE UND ANWENDUNGSIDEEN

Story
– Denken Sie jedes Kapitel wie eine Geschichte in der Geschichte: mit einem Anfang, einer Mitte und einem Ende.

Kommunikation
– Unterteilen Sie Botschaften in klare und knappe Kapitel, die einer geschichtlichen Struktur folgen.
– Arbeiten Sie mit Metaphern und anderen rhetorischen Mitteln rund um das Kapitel (»Heute schlagen wir eine neue Seite auf ...«).

Change
– Gliedern Sie Ihr Vorhaben in überschaubare Kapitel.
– Nutzen Sie den Anfang zur (Re-)Energetisierung,
– die Mitten zur Lösungsfindung und Selbstbestimmung,
– die Enden für klare Entscheidungen.
– Legen Sie zwischen den Kapiteln Pausen ein.

C WIE CONTINUATION

Die unendliche Geschichte

Nach dem Zusammenbruch der Sowjetunion schrieb der Politikwissenschaftler Francis Fukuyama einen der berühmtesten Essays seiner Gilde. Er verkündete darin »das Ende der Geschichte«. Die hegelianische Dialektik sei am Ende des Regenbogens angekommen und habe in der liberalen Demokratie ihre finale, universelle Form gefunden. Haha, ganz genau.

Das Gegenteil trat ein. Die Menschheit erlebte nicht das Ende der Geschichte, sondern das Ende des Endes. Regierungsformen, Allianzen, Grenzen, Währungen, soziale Netzwerke, organisationale Strukturen: Alles ist in Bewegung. Nichts ist mehr sicher. Und dies spiegelt sich in der Art der Geschichten, die wir uns erzählen. Innerhalb eines Jahrzehnts wurden Spielfilme von Serien als dominante Erzählform abgelöst. Die Millennials sind die letzte Generation, die an »Happy Endings« gewöhnt ist.

Auch die Veränderungsgestalterin tut gut daran, Geschichten nicht mehr als einmalige Ereignisse zu betrachten. Nur wenn sie diese als fortlaufende Gebilde versteht, entfaltet sie Wirksamkeit. Ob Politik, Marketing, PR oder Psychotherapie: Betrachten Sie Ihre Geschichte nicht als abgeschlossenen Spielfilm, sondern als zusammenhängendes und orchestriertes Story-Universum mit – Achtung, Anglizismus-Alarm! – Sequels, Prequels, Reboots, Cross-overs, Spin-offs und Merchandising. Zum Beispiel *Harry Potter*: Nebst der x-teiligen Hauptgeschichte gibt es zig Vor- und Nebengeschichten – in Form von Büchern, realen und animierten Filmen, Videospielen oder Spielwaren.

In Zusammenarbeit mit einem großen europäischen Versicherungsunternehmen durften wir aus erster Hand erleben, wie wirksam diese Art von Denken in realen Gestaltungsprozessen ist. Die Firma kommunizierte ihre an Investorinnen gerichtete »Equity Story« mittels einer buchstäblich ausufernden Metapher. Das Unternehmen wurde zum Schiff, die Strategie zu einer Reise durchs Meer. Dazu gab es Poster, Filme, Workshops, Großgruppenanlässe und so weiter. Doch als das Schiff nach Ende der Strategieperiode »ankam«, war die Geschichte noch lange nicht vorbei. Aus dem Schiff wurde eine schwimmende Insel mit einem in den Himmel ragenden Hochhaus, ein Ökosystem mit neuen Ambitionen und Zielen. Selbst ein im Handel erhältliches Brettspiel wurde produziert. Aber auch das bedeutete noch nicht das Ende: Die dritte »Staffel« ist zurzeit in Planung, und es existieren zahlreiche Nebenschauplätze, welche an das Story-Universum anknüpfen. Die Investoren, Mitarbeitenden und anderen Anspruchsgruppen sind begeistert. Sie nehmen die Firma als gleichermaßen innovativ und konsequent wahr – und freuen sich stets, von ihr zu hören.

Drei Gründe sprechen für »Continuation«:

Erstens ist das Erzählen von Geschichten ressourcenintensiv. Kreation, Abstimmung und Produktion kosten. Es entsteht *Story Equity*, Geschichtskapital. Ist die Schiffsmetapher einmal etabliert, ist dies ein Wert in sich. Wieso einen neuen Baum pflanzen, wenn man den alten wässern kann?

Eine unbefriedigende Qualität der bereits erzählten Geschichtsfragmente ist übrigens kein Grund, alles zu verwerfen und von vorne zu beginnen. Denken Sie an Nadal, Federer oder Djokovic. Mehr als einmal haben die besten Tennisspieler der Welt gezeigt, dass man auch miserable Anfänge zu Siegen ummünzen kann. Das sind immer die besten Geschichten.

Zweitens entsteht auch durch das Nie-zu-Ende-Erzählen ein zusätzlicher Wert, auch bekannt als Zeigarnik-Effekt. Die russische Psychologin Bluma Zeigarnik fand in den 1920er-Jahren heraus, dass unfertige Aufgaben – und eben auch Geschichten – eher in Erinnerung bleiben als vollendete. Viele Bestseller enden offen und laden dazu ein, die Geschichte in der eigenen Fantasie weiterzuspinnen. Und natürlich haben mit einem Cliffhanger »endende« Geschichten auch den Effekt, dass das Publikum beim nächsten Mal wieder einschaltet. Es bleibt »investiert«. Dass dies überlebenswichtig sein kann, zeigte bereits die Rahmengeschichte aus *Tausendundeine Nacht*. Der König bittet Scheherazade immer wieder, in seine Gemächer zurückzukommen. Statt sie umzubringen – wie alle Liebhaberinnen vor ihr –, soll sie ihm erzählen, wie die Märchen der vorherigen Nacht weitergehen.

So gesehen schafft die ständige Fortführung derselben Geschichte – drittens – auch wertvolle Stabilität. Im Falle besagter Versicherung ist das Signal klar: Wir bleiben auf demselben Weg – denn wir sind auf einem guten Weg. Im Kapitel »C wie Construction« erwähnen wir das Urmodell organisationalen Wandels: Auftauen, Verändern, Einfrieren. Doch das Einzige, was sich in Zeiten des Klimawandels und multipolarer Machtstrukturen noch einfrieren lässt, ist die alte Plattitüde des Wandels als letzte Konstante. Mit einer fortwährenden Geschichtsschreibung gelingt das Kunststück, gleichzeitig der chaotischen Realität gerecht zu werden und sie ein Stück weit zu stabilisieren (siehe auch »C wie Correspondence«).

Aber bitte verwechseln Sie Continuation weder mit Continuum noch mit Continuity. Auch nicht zu Ende erzählte Geschichten bedürfen klarer Strukturen, Plotpoints und Kapitel, damit sie nicht wie ein breiiges

Kontinuum daherkommen (siehe auch »C wie Construction« und »C wie Chapter«). Und auch ruckelfreie Kontinuität ist alles andere als wünschenswert. Genau wie Filmcutter nicht alles »auf Anschluss« schneiden, brauchen auch andere Geschichtsformen Brüche, die aufwecken, irritieren oder verrücken (siehe auch »C wie Cut«).

Eine Bemerkung zum Schluss: Wir lieben abgeschlossene Geschichten und finden nichts heilsamer als Happy Endings. Sie geben uns Struktur in einer strukturlosen Welt. Aber aus der Produzentinnen- und Gestalterinnenperspektive hat das ewige Fortführen der Geschichte leider Gottes seine Berechtigung. Noch mehr dazu dann im nächsten Band ...

EIN BEISPIEL

Marina lässt sich nichts anmerken. Brav vereinbart sie einen Termin für die nächste Therapiesitzung und wünscht Dr. Altmann einen schönen Abend. Aber kaum hat sie das Gebäude verlassen, lässt sie ihrem Zorn freien Lauf. »Was für ein verdammter Hurensohn! Was glaubt der eigentlich, wer er ist?«, flucht sie, worauf sich zwei Passanten nach ihr umdrehen. »Vielleicht hat Ihre Freundin ja einen Punkt«, äfft sie ihn nach. »Vielleicht fehlt es Ihnen tatsächlich ein wenig an Ausdauer und Konstanz.« Wie viele Ex-Frauen hatte der Typ noch mal?

Aber auch mit den nächsten Therapeuten wird Marina nicht glücklich. Subjekt A will ihr nach zwanzig Minuten Psychopharmaka andrehen, Subjekt B brabbelt etwas von Borderline, und bei Subjekt C wird sie den Verdacht nicht los, dass er sich weniger für ihre Psyche als für ihre Oberweite interessiert. Kann ihr denn niemand helfen?

Das schummrige Sitzungszimmer von Madame Mehlin ist vollgestopft mit Büchern, von denen ein leicht modriger Geruch ausgeht. Die alte Frau versinkt fast in ihrem Sessel, während sie Marinas Leidensbericht lauscht. Zwar nippt sie hie und da an ihrem Tee und gibt da und dort ein »Aha« oder ein »Oh« von sich, aber sie unterbricht Marina nicht ein einziges Mal. Erst als diese für mehrere Minuten schweigt, sagt Frau Mehlin: »Sie sind eine gute Geschichtenerzählerin.«

»Eine Geschichtenerzählerin?« Marinas Blut köchelt bereits wieder.
»Eine gute Geschichtenerzählerin. Und eine gute Geschichte macht ein gutes Leben.«
»Oh.«

Die beiden beginnen, Marinas Geschichte zu betrachten, zu sezieren, neu zusammenzusetzen und immer weiterzuerzählen. Wer ist Autorin? Wer Protagonistin? Und ist Marina manchmal auch ... nein ... doch ... eine Antagonistin?

Jahre später besucht sie immer noch regelmäßig Frau Mehlin. Schließlich will sie wissen, wie die Geschichte weitergeht.

KERNPUNKTE UND ANWENDUNGSIDEEN

Story

- Story Equity, der Wert von Geschichten, wächst dank Fortsetzungen, Vor- und Nebengeschichten.
- Offene Enden bleiben besser in Erinnerung, und dank Cliffhangern bleibt das Publikum investiert.

Kommunikation

- Schaffen Sie ein kontinuierliches Story-Universum, und knüpfen Sie all Ihre Inhalte an dieses an. Dies ...
- erhöht den »Return on Investment« der Inhalte ...
- ... und vermittelt Ihrem Publikum ein Gefühl von Stabilität.
- Nutzen Sie offene Enden und Cliffhanger, um das Publikum bei der Stange zu halten und in dessen Erinnerung zu bleiben.

Change

- Nach dem Ziel ist vor dem Ziel. Betrachten Sie jede Strategie oder jedes anderweitige Vorhaben als Teil einer übergreifenden Strategie. Das erhöht das Involvement der Beteiligten und vermittelt ein Gefühl der Stabilität.

C WIE CO-CREATION

Von der Drehbuchautorin zur Showrunnerin

Vor langer Zeit lebte einmal eine berühmte Meisterweberin. Kauffrauen reisten von weit her an, um ihre prachtvollen Teppiche zu kaufen. Und auch ihre Mitarbeiterinnen schienen zufrieden und machten ihre Arbeit gerne. Eines Tages bekam die Meisterweberin Besuch von einer alten Freundin, mit welcher sie ihre Lehrjahre verbracht hatte. Über einer Tasse Tee fragte die Freundin:»Sag mal, wie machst du das eigentlich? Deine Teppiche sind so toll. Und du produzierst so schnell. Machen deine Mitarbeiterinnen denn nie Fehler?«

Die Meisterweberin trank einen Schluck und lächelte.»Oh natürlich, meine Liebe«, sagte sie,»sie machen die ganze Zeit Fehler. Aber meistens mach ich sie nicht wieder rückgängig. Das ist mir zu mühsam. Lieber trete ich einen Schritt zurück und betrachte die bisherige Arbeit als Ganzes. Dann frage ich mich, wie wir den ›Fehler‹« – die Meisterweberin verkrümmte ihre grazilen Finger zu Gänsefüßchen –»ins Gesamtmuster weben könnten. Und so wird dieses immer größer und schöner!«

Schnitt ins Heute. Petra, eine gestandene Schweizer Politikerin, isst mit ihrer alten Freundin Klara, Chefin der mächtigen PR- und Lobbying-Agentur Farmer, im besten Restaurant der Stadt zu Abend. Doch obwohl hinter ihr ein Miró hängt und vor ihr ein perfekt temperiertes Glas Château Palmer steht, ist sie alles andere als in Festlaune. Ihr Referendum gegen horrend überteuerte Klimaschutzmaßnahmen droht in Flammen aufzugehen. Und neulich hat es eine linksradikale Parlamentarierin namens

Hedi gar gewagt, sie auf Twitter als Schwurbelpetra zu bezeichnen. Seitdem hat der Spitzname eine derartige Eigendynamik entwickelt, dass ihn ihr sogar die Schulfreundinnen ihrer Tochter hinterherrufen. Doch Klara beschwichtigt:»Du musst das Heft jetzt einfach wieder in deine eigene Hand nehmen! Du musst das Narrativ kontrollieren.« Das Narrativ kontrollieren. Es ist ein bekanntes Credo – und ein gerechtfertigter Wunsch. Wir sind die Ersten, die zugeben: Kontrollierst du das Narrativ, kontrollierst du die Realität. Man erzähle also eine kohärente, anpassungsfähige, fortwährende, auf die Zielgruppe zugeschnittene Geschichte, buttere das Bruttoinlandsprodukt von Myanmar in deren mediale Verbreitung, repetiere, repetiere, repetiere, und ZACK gehen alle Wünsche in Erfüllung.

Wenn's doch nur so einfach wäre.

Wir schlagen eine alternative Geisteshaltung vor: Co-create the narrative. Die Geschichte ko-kreieren.

Filme und Serien entstehen heute in durchgemanagten, aber hochgradig kollaborativen Prozessen. Das Sagen hat nicht mehr die Drehbuchautorin oder die Regisseurin, sondern die Showrunnerin. Deren Aufgabe ist es, die Fäden zusammenzuhalten und mit jeder neuen Staffel auf Trends und Resonanz zu reagieren (siehe auch»C wie Correspondence«). Und aus Sicht der Studios und Streaminganbieter liegt der Blick längst auf einem hochdiversifizierten, datengetriebenen Gesamtportfolio. Statt alle Eier in denselben Korb zu legen und auf das nächste Megafranchise zu hoffen, investieren sie in experimentelle Nischenformate. Und schlüpft aus einem Ei ein besonders erfolgreiches Wesen, züchten sie dieses sofort hoch und spinnen es zur format- und medienübergreifenden Mythologie.

Auch in den konkreten Welten der Unternehmensführung, politischen Entscheidungsfindung oder Selbstoptimierungsroutinen lohnt es sich, von Control auf Co-Creation, von Competition auf Coopetition[39] umzuschalten. Aus vier Gründen:

1. **Co-Creation ist langlebiger.** Spätestens seit Maos Planwirtschaft ist klar: So einfach ist das mit der Kontrolle doch nicht. »Systeme«, die sich bis zu einem gewissen Grad selbst organisieren, sind widerstands-, anpassungs- und überlebensfähiger. Dies gilt auch für Geschichten. Werden diese offen, adaptiv und ganzheitlich gestaltet, ist ihnen ein langes Leben beschieden (siehe auch »C wie Continuation«). Beispiel Lego: Als dessen wichtigstes Patent 2011 auslief, waren Investoren und Eltern gleichermaßen besorgt. Doch Lego beschloss radikale Co-Creation. Es folgten Hollywoodfilme, Videospiele, Kollaborationen mit anderen Marken und zig Produkte, die von Fans (mit-)gestaltet wurden.

2. **Co-Creation ist überzeugender.** Glatte, fix und fertige Geschichten prallen oft beim Publikum ab. Sind sie ungeschliffen, bleiben sie haften. Sie laden die Betroffenen ein, mitzugestalten und die Geschichte zu ihrer eigenen zu machen. Verhaltensökonomen haben den Begriff »Ikea-Effekt« geprägt. Er beruht auf einer Untersuchung, die bewies, dass unfertige Produkte, die der Nutzer selbst zusammenbauen muss, mehr Wertschätzung erfahren und erfolgversprechender sind als äqui-

---

39 Dieser etwas in Vergessenheit geratene Begriff wurde in den Neunzigerjahren von den Spieltheoretikern Adam Brandenburger und Barry Nalebuff geprägt. Das aus Competition und Collaboration zusammengesetzte Wort beschreibt einen Zustand, in dem Organisationen gleichzeitig zusammenarbeiten (zum Beispiel auf ein gemeinsames Ökosystem aufbauen), aber mit ihren Endprodukten auch in Konkurrenz zueinander treten.

valente fertig gekaufte Massenprodukte. Das gilt auch für Geschichten und Konzepte. Präsentiert man Menschen ein »Work in Progress«, an dem sie mitwirken und das sie sogar selbst vollenden können, sehen sie Potenzial. Präsentiert man ihnen Fertiges, sehen sie Mängel. In dieselbe Kerbe schlägt eine bekannte Finanzierungsregel aus dem Silicon Valley, jener Region in der Nähe von San Francisco, wo besonders viele Start-ups entstehen: Bittest du eine Investorin um Geld, kriegst du einen Ratschlag. Bittest du sie um einen Ratschlag, kriegst du Geld. Überzeugung bedeutet Miteinbezug. Und Miteinbezug bedeutet Co-Creation.

3. **Co-Creation ist oftmals günstiger.** Noch vor wenigen Jahren wünschten sich Unternehmen nichts mehr als »virale Effekte«, die ohne ihr eigenes Zutun Wirkung entfalten, indem sie sich von alleine ausbreiten. Dies ist heute in Anbetracht der ausufernden Informationsschwemme schwieriger geworden. Umso wichtiger ist die aktive Zusammenarbeit mit Webportalen, Influencerinnen, News-Medien und/oder Kundinnen geworden. Das global tätige Fast-Fashion-Unternehmen Zara zum Beispiel ist Meisterin der verdeckten Co-Creation. Es reagiert innerhalb von Stunden auf lokale Trends. Verkaufen sich in einer Filiale im Norden Mexikos Hosen mit acht Taschen besonders gut, produziert das Hauptquartier sofort Hosen mit neun, zehn oder mehr Taschen und liefert sie in genau diese Filialen. Gleichzeitig investiert Zara kaum in Werbung, sondern setzt lieber auf die wichtigsten Botschafterinnen: zufriedene Kundinnen.

4. **Co-Creation ist zielführender.** Auch in der Welt der Yogis, Spiris und Neu-Buddhisten ist Co-Creation das Thema der Stunde. »Mit dem

Universum ko-kreieren«, lautet die neue Variante des »Glücks der Tüchtigen«. Es gilt, hart auf Ziele hinzuarbeiten, doch gleichzeitig – und in dieser Gleichzeitigkeit liegt die Schwierigkeit – die Ziele auch loszulassen. Denn will man etwas zu sehr – so die Theorie –, sendet das Gehirn das Signal aus, dass man es nicht hat. Das Zulassen ist ebenso wichtig wie das aktive Handeln, das Sein ebenso wichtig wie das Tun (siehe auch »C wie Contrast«). Doch das Prinzip gilt auch in gänzlich unspirituellen Situationen. Vor einigen Jahren haben wir im Kontext einer medialen Hetzkampagne (von der wir zum Glück nicht direkt betroffen waren) einen interessanten Tipp von einem PR-Mann erhalten: Manchmal bist du der Hund, aber manchmal bist du auch der Baum. Auch das ist Co-Creation (siehe auch »C wie Cut«).

Aber Achtung: Ein Co-Creation-Mindset bedeutet nicht die Aufgabe der Deutungshoheit. Am Ende sind Sie die Meisterweberin oder die Showrunnerin, die die Fäden in den Händen hält und verknüpfen muss. Doch Ihre Geschichte wird langlebiger, einflussreicher, günstiger und effektiver, wenn Sie auch auf die Mitarbeit Ihrer Ansprechpartnerinnen vertrauen und konkurrierende Narrative einbinden.

Nicht ganz verstanden hat das übrigens Petra. Auch Wochen später ist die Sache mit dem Spitznamen noch immer nicht ausgestanden. Schon drei Mal musste sie das Reinigungsunternehmen bestellen, um Schmierereien von den Wänden ihrer Villa kratzen zu lassen (»Willkommen im Schwurbental«). Die Umfragewerte ihres Referendums bleiben weit hinter den Erwartungen zurück, die teuer eingekauften Versuche der PR-Agentur, entsprechende Gegenangriffe zu starten, sind verpufft. Und der Heil-Hedi-Tweet hat ihr noch eine Verleumdungsklage eingebrockt.

Zwei Wochen vor dem Abstimmungssonntag kommt es, wie es kommen muss. Beim nationalen Bauernfrühstück bricht Petra nach nur zwei Gläsern lokalen Schaumweins über ihrem gebratenen Speck zusammen. Sie kann nicht mehr.

Doch die einzige Burn-out-Klinik, die in diesen turbulenten Zeiten noch einen Platz frei hat, ist ausgerechnet die esoterisch angehauchte Casa Lux im südlichsten Zipfel des Landes. Petra hält es kaum aus. Ein Öko-KZ! Die anderen Gäste sind allesamt ein linkes Pack, und das Gastronomieangebot beschränkt sich auf zwei Haushälterinnen, die einzig und allein ... vegan kochen.

Doch nach dem ersten Schock kommt Schwurbi, wie sie die Therapeutinnen liebevoll nennen (»Umarme deine Schatten!«, siehe auch »C wie UnConscious«), allmählich an. Und dann, eines schwülen Morgens während der Morgenmeditation, hört sie die Geschichte der Meisterweberin im alten Persien. »Und jetzt stelle dir vor«, sagt die Stimme auf der CD zu Sitarklängen, »wie du einen Schritt zurück machst. Wie du langsam ein Gesamtmuster erkennst. Eine Symphonie der Fäden und Farben. Eine Haaaaarmonie.«

Während des Abendspaziergangs durch den Glühwürmchenwald denkt sich Petra: »Vielleicht muss ich das Narrativ ja gar nicht kontrollieren, vielleicht darf ich auch einfach mal zulassen und teilnehmen.« Sie beschließt, ihren Aufenthalt weit über den Abstimmungssonntag hinaus zu verlängern, schließt Freundschaft mit den Haushälterinnen und beginnt eine Affäre mit Barbara, einer ehemaligen Techno-DJ, die seit ihrem letzten LSD-Trip vergeblich versucht, ihr Raumschiff zu finden. Als Petra Monate später endlich wieder einmal Internetzugang hat, setzt sie einen einzigen Tweet ab: »Kolleginnen und Kollegen, wir müssen reden. Gruß Schwurbi«.

EIN BEISPIEL

Schreiben Sie eins! Oder noch besser, schreiben Sie eine Fortsetzung der Schwurbelpetra-Saga!

KERNPUNKTE UND ANWENDUNGSIDEEN

Story
– Laden Sie Ihr Publikum ein, Ihre Geschichte auszuschmücken, mitzugestalten und weiterzuspinnen.

Kommunikation
– Versuchen Sie, das Narrativ zu ko-kreieren – das mit der Kontrolle klappt sowieso nicht.
– Laden Sie alle Anspruchsgruppen zur Mitgestaltung ein, das ist langlebiger, überzeugender, günstiger und zielführender.
– Aber vergessen Sie nie: Sie sind die Meisterweberin Ihrer eigenen Geschichte. Behalten Sie die Fäden im Griff.

Change
– Stiften Sie alle Beteiligten dazu an, Ihren Plan nicht nur umzusetzen, sondern diesen auch aktiv mitzugestalten. Das ist effektiver und effizienter.

C WIE CONCRETE

Die Dinge auf den Boden bringen

Eine alte Journalistenweisheit besagt: Sie können über Millionen hungernder Kinder in Afrika schreiben, ohne die Leserschaft zu erreichen. Erzählen Sie hingegen die Geschichte eines einzigen abgemagerten Mädchens, wird Ihr Text Anklang finden. Unser Gehirn tut sich noch immer schwer damit, Zahlen und Statistiken zu prozessieren. Es liebt greifbare, konkrete Geschichten. Trotzdem ist das Abstrakte in zig gesellschaftlichen Sphären auf dem Vormarsch. Gerade in großen, bürokratischen Unternehmen nimmt das zuweilen abstruse Züge an. Nehmen Sie folgenden, einem Strategiepapier entnommenen Satz: »Wir möchten Wandel als das neue Normal begreifen und Opportunitäten aktiv nutzen, um den Bedürfnissen unserer Anspruchsgruppen mit unseren Angeboten noch besser gerecht zu werden!« Erzählen Sie das mal Ihrer Großmutter.

Natürlich braucht die Menschheit immer komplexere Modelle, um der zunehmenden Komplexität ihrer Lebenswelt gerecht zu werden. Doch viele nutzen dies als Vorwand. Sie wollen den Anschein von Klugheit erwecken, die Bedeutung ihrer Aussagen aufbauschen, sich aus der Verantwortung ziehen oder sich um die harte Arbeit der Ausformulierung und Konkretisierung drücken. Schon Max Weber vertrat die Meinung, die Hauptbeschäftigung von Bürokratinnen läge darin, ihre eigene Macht auszubauen. Die Abstraktion ist ihnen eine mächtige Verbündete.

Das Problem ist, dass allzu abstrakte Botschaften meist weder verstanden noch verinnerlicht werden. Mehr noch: Je schwerer es dem Gehirn fällt, einen Input zu prozessieren, desto negativer bewertet es ihn. Die Konsequenz: Trägheit und ein Verharren im Status quo. Damit Veränderung gelingt, müssen Sie das Wechselspiel zwischen dem Abstrakten und Konkreten kultivieren.[40] Hierfür können Sie vier Stellschrauben nutzen:

1. **Bewusstsein.** Es beginnt damit, sich immer wieder in Erinnerung zu rufen: Die Karte ist nicht das Terrain. Auf welcher Abstraktionsebene befinden Sie sich? Was ist Zweck der gerade verwendeten Karte?

2. **Frames.** In unserem Buch *Reframe it!* haben wir eine Vielzahl von Frames vorgestellt, die Annäherung an komplexe Inhalte ermöglichen. Viele davon helfen, besagtes Bewusstsein zu kultivieren. Eines der beschriebenen Modelle ist die sogenannte Abstraktionsleiter. Das vor allem im Journalismus omnipräsente Instrument rät, Berichte mit einem konkreten Beispiel zu beginnen, dann die größeren Zusammenhänge und Theorien zu thematisieren und am Ende wieder zum Anfangsbeispiel zurückzukehren. Die stilistisch meist makellosen Texte des britischen Wochenmagazins *The Economist* folgen diesem Schema oft. Den Einstieg etwa macht die Geschichte einer armen Bäuerin, die unter Wasserknappheit leidet. Dann zoomt die Journalistin heraus und generalisiert: Es handelt sich nicht um einen Einzelfall. Der Grund liegt im Konflikt benachbarter ehemaliger Sowjetnationen. Ganz oben auf der Leiter erklärt die Journalistin dann entsprechende ökonomische und historische Konzepte und leitet konkrete Maßnah-

---

40 Das ist vergleichbar mit dem im Kapitel »C wie Candor« beschriebenen Spagat zwischen Ehrlichkeit und Inspiration.

men oder Vorschläge ab. Und am Ende kehrt sie zur Bäuerin zurück. Ein anderer Frame ist das einfache Argumentationsschema ABB. Dieses beginnt mit einer Aussage und einer Begründung. Und darauf folgt ein konkretes Beispiel oder ein konkreter Beweis.[41] Managerinnen und Politikerinnen hassen nichts mehr als die Frage: Können Sie Ihre Aussagen anhand dreier Beispiele illustrieren? Doch sie ist so wichtig, um das Abstrakte mit dem Konkreten immer wieder aufs Neue zu verbinden und besagtes Wechselspiel zu kultivieren.

3. **Sprache:** Wie wir sprechen und schreiben, prägt unser Denken und Handeln. Und eine konkrete Sprache fördert konkrete Taten. Das ist ein Grund, weshalb Metaphern so wichtig sind. Sie verhelfen dem Abstrakten zu einem Gesicht und verankern es tiefer im Bewusstsein. Die Strategie wird zu einer Straße oder die Verhandlung zu einem Tauziehen (siehe auch »C wie Comparison«). Oder denken Sie an die wohl berühmteste Storytelling-Regel überhaupt: Show, don't tell. Zeigen Sie konkret und bildlich, wovon Sie sprechen, statt es nur allgemein und/oder abstrakt zu erzählen oder zu erklären. Neurologen etwa haben herausgefunden, dass das Gehirn drei konkrete Adjektive braucht, damit ein Bild vor dem inneren Auge entsteht.

4. **Enge Verzahnung von Denken und Handeln.** Bei der Planung von Veränderung besteht immer die Gefahr, in ebendieser Planung zu verharren. Haben wir wirklich an alle Szenarien gedacht? Kann wirklich nichts passieren? Zum Glück propagieren viele eher neuere Manage-

---

41 Die ausführliche Version heißt ABBBA: Aussage, Begründung, Beispiel oder Beweis, Beschränkung und Annahmen.

mentmodelle, schneller ins Tun zu kommen. Sie raten dazu, Experimente im Kleinen zu fördern und im Erfolgsfall rasch auszuweiten, bereits früh Feedback einzuholen und selbst offenherzig Feedback zu geben, rasch und günstig Prototypen herzustellen und schneller zwischen Reißbrett und Werkstatt zu iterieren.[42] Probieren geht nicht über Studieren. Doch um vorwärtszukommen, braucht es beides – in enger Abstimmung.

Wer Veränderung gestalten möchte, kommt um das Konkrete nicht herum. Aber Vorsicht, dass es nicht ins Gegenteil umschlägt. Wie in der Einführung beschrieben, führt die Dominanz des Abstrakten und Konzeptionellen vielerorts zu einer verständlichen Gegenreaktion. Dann heißt es: »Ich glaube nur, was ich mit eigenen Augen sehe.« Impfskeptikerinnen etwa argumentieren, dass sie in ihrem Umfeld sowohl geimpfte und ungeimpfte Menschen mit Symptomen kennen würden – wo doch Statistiken ein differenzierteres Bild zeichnen.

Auch sind bis ins kleinste Detail ausgeschmückte, von Konkretheit strotzende Veränderungsgeschichten nicht zielführend. Denken Sie an die berühmten Reden Winstons Churchills oder Martin Luther Kings. Statt die Zukunft bis ins letzte Detail zu beschreiben und somit ihre Glaubwürdigkeit zu riskieren, vertrauen sie auf die Fantasie des Publikums. Das gilt auch für visionäre Unternehmerinnen: Ihre Vision bleibt offen für die Vorstellungskraft der Adressaten und anpassbar (siehe auch »C wie Cut« und »C wie Co-Creation«).

---

42 Falls Sie das näher interessiert, googeln Sie Effectuation, Emergent Strategizing, Rapid Prototyping oder Agilität.

Zentral ist daher Punkt 1: Wechseln Sie bewusst und achtsam zwischen dem Abstrakten und Konkreten hin und her – und fragen Sie sich stets, mit welchem Ziel Sie das tun.

EIN BEISPIEL

Diesmal keine Geschichte, sondern ein Rätsel. Welche am Zürcher Flughafen gesehenen, unfassbar konkreten Slogans gehören zu welcher Firma?

Slogans

A) Responsibility. One of our natural resources. (Verantwortung. Eine unserer natürlichen Ressourcen.)
B) The future starts today. (Die Zukunft beginnt heute.)
C) We care about the next generation. (Die nächste Generation bedeutet uns etwas.)

Brands

1) Zühlke (eine Beratungsfirma)
2) Pictet (eine Bank)
3) LGT (ebenfalls eine Bank)

Antworten

A2, B1, C3

KERNPUNKTE UND ANWENDUNGSIDEEN

Story

– Behalten Sie eine der bekanntesten Storytelling-Regeln im Hinterkopf: Show, don't tell. Zeigen Sie konkrete, unmittelbare Bilder, statt zu Erklärungen auszuholen.

Kommunikation

– Machen Sie deutlich, auf welcher Abstraktionsebene Sie gerade kommunizieren.
– Nutzen Sie erprobte Frames, um Abstraktes mit Konkretem zu verbinden. Am wichtigsten: Beispiele, Belege, Beweise!
– Arbeiten Sie mit einer konkreten Sprache und greifbaren Sprachbildern.

Change

– Werden Sie so schnell wie möglich konkret, und verzahnen Sie Denken und Handeln eng miteinander.

C WIE CANDOR

Geschichten haben kurze Beine

In einer Story von Lewis Carroll, dem Autor von *Alice im Wunderland*, produzieren die Bewohnerinnen eines Landes immer größere und genauere Landkarten. Doch zum Schluss ist die Karte genauso groß wie das abzubildende Terrain und wird nie entfaltet. Sie würde das Land in Dunkelheit hüllen.

»Die Karte ist nicht das Terrain«,[43] das gilt auch für Geschichten. Diese sind nun einmal reduziert, abstrahiert, von der Wirklichkeit abweichend oder gar aufgebauscht. Und das ist gut so. Denn eben *weil* Geschichten die Realität nicht eins zu eins abbilden, wirken sie. Es ist der Unterschied, der den Unterschied macht.

Konzeptualisierungen müssen nicht nach der absoluten, alles abbildenden Wahrheit streben – sonst wären es keine Konzeptualisierungen. Doch um Wirkung zu entfalten und Gestaltungsräume zu öffnen, müssen sie Verhältnisse, Strukturen und bestimmte Details korrekt abbilden. Ein altes Bonmot lautet denn auch: Geschichten müssen nicht wahr sein, aber sie müssen stimmen.

Eine der zentralen Herausforderungen jeder Veränderungsgeschichte ist somit der Spagat zwischen Ehrlichkeit und Inspiration (siehe auch »C wie Causality«). Wie oft versucht die Personalabteilung, Situationen schönzureden oder ihrer Organisation unpassende Unternehmenswerte aufzu-

---

43 Dieser Ausspruch geht zurück auf den polnisch-amerikanischen Semantiker Alfred Korzybski.

zwingen? Wie oft versprechen uns Modefirmen, dass wir dank ihnen wie Brad Pitt oder Angelina Jolie aussehen können? Wie oft positionieren sich Ölfirmen mit großem PR-Aufwand als Teil der Lösung anstelle des Problems? Ein häufiges Resultat: Die Zielgruppen reagieren zynisch und abweisend. Der Zauber der Geschichten verpufft.

Damit dies nicht passiert, können folgende Punkte als Stützen dienen:

- **Abholen.** Mit Ihrem Plan, Ihrem Vorhaben oder mit Ihrer Strategie laden Sie die Betroffenen ein, eine Reise anzutreten. Doch damit alle mitkommen, müssen Sie sie dort abholen, wo sie sich befinden. Denken Sie an ein wütendes Kleinkind. Es bringt wenig, es einfach anzulächeln. Doch wenn Sie seine negative Emotion spiegeln und dann – sobald Sie seine Aufmerksamkeit haben – Ihre Gesichtszüge laaaangsam zu einem Lächeln verändern, gelingt es vielleicht, das aufgebrachte Kind zu beschwichtigen.

- **Keine Beschönigungen.** Es zeugt von schlechtem Stil, die Dinge nicht beim Namen zu nennen. Und schlechter Stil nimmt der Geschichte ihre Kraft. Mitarbeitende von Kommunikationsabteilungen etwa versuchen oft, auf Worte wie »Vorgesetzte« oder »Chefs« zu verzichten. Und schon gar nicht darf die Tatsache, dass es darum geht, Geld zu verdienen und Aktionäre reich zu machen, genannt werden. Doch durch die daraus resultierenden Euphemismen und Umschreibungen fühlt sich die Anspruchsgruppe veräppelt. Sie heißt nicht umsonst *Anspruchsgruppe*.

- **Keine Negationen.** Googles Credo lautete einst »Don't be evil« – Tu nichts Böses. Doch das menschliche Gehirn tut sich schwer damit, Verneinungen zu prozessieren. Es hört: Be evil. Entsprechend wurde dann auch »Do the right thing« zum Motto von Alphabet, dem Mutterkonzern von Google.

  Beim Konkurrenten Apple ging Steve Jobs hingegen mit gutem Beispiel voran: Gemäß dem ehemaligen *New York Times*-Redakteur Glenn Kramon habe Jobs immer nur gesagt, was er mag und wie er es gerne hätte. Nie habe er seine Zeit damit verschwendet, zu beschreiben, wie die Dinge nicht sein sollen. Verzichten auch Sie auf Negationen. Sie kosten Energie und bedrohen Ihre Glaubwürdigkeit.[44]

- **Keine defensive Grundhaltung.** Einer unserer ehemaligen Deutschlehrer wurde immer saumäßig wütend, wenn man ihm statt der Hausaufgaben Ausflüchte präsentierte. Sagte man ihm hingegen einfach, man hätte die Aufgaben nicht gemacht, war das okay. Er fragte nie nach dem Grund, sondern gab ein leises Grunzen von sich und ging zur nächsten Schülerin über. Ein altes Kommunikationsprinzip lautet: Die Defensive lockt die Offensive an. Bei den meisten Menschen ist das Bedürfnis groß, sich zu verteidigen. Doch meistens ist dies kontraproduktiv.

---

44 Ja, wir sind uns bewusst, dass wir uns gerade selbst widersprechen. In der nächsten Auflage fixen wir das.

– **Die Geschichte als Geschichte bezeichnen.** Schließlich darf bei jedem gemeinsamen oder individuellen Vorhaben auch mal daran erinnert werden, dass es sich um eben das handelt: ein Vorhaben. Dies verdeutlichen Sie durch die explizite Verortung der Diskussion auf der Ebene der Landkarte. Erst wenn klar ist, dass jeder Strich und jedes Wort rückgängig gemacht werden kann, wächst der Mut, draufloszufabulieren. Beispiel Strategiekommunikation: Erklären Sie, was mit dem Begriff »Strategie« überhaupt gemeint ist und wieso es eine solche braucht. Machen Sie deutlich, dass es völlig normal ist, wenn die Strategie früher oder später nicht mehr mit der Realität in perfektem Einklang ist und dies nicht bedeutet, der Plan müsse komplett über den Haufen geworfen werden. Ein Mitglied der Anonymen Alkoholiker sollte den Bettel nach einem Rückfall ja auch nicht gleich hinschmeißen (siehe auch »C wie Correspondence« und »C wie Challenge«).[45]

Holen Sie Ihre Zielgruppe ab, verzichten Sie auf Beschönigungen, Umschweife oder Ausflüchte, und erinnern Sie gegebenenfalls hie und da daran, dass es sich »nur« um eine Geschichte handelt. Letzteres erlaubt es Ihnen auch, ohne schlechtes Gewissen zu übertreiben und zu fantasieren. Das ist nämlich absolut in Ordnung.

---

45 Dieser Punkt ist mit Vorsicht zu genießen – insbesondere bei Geschichten, die der reinen Unterhaltung oder therapeutischen Zwecken dienen. Diese sollen ja gerade ein Eintauchen in eine Welt ermöglichen, die sich wie echt anfühlt. Stichwort »suspension of disbelief«, die »Aussetzung der Ungläubigkeit«. Achten Sie genau darauf, welchen Zweck Ihre Geschichte erfüllen soll und wen Sie damit in welcher Situation ansprechen wollen.

Das englische Wort *candor* heißt auf Deutsch übrigens Aufrichtigkeit, Offenherzigkeit, Purheit oder Objektivität. Unserer Meinung nach fasst es die Sache ganz gut zusammen.

EIN BEISPIEL

So hat sich Christian die Einweihung des Neubaus des von ihm geleiteten Kunstmuseums wahrhaftig nicht vorgestellt. Schon im Vorfeld dominierten negative Berichte die Schlagzeilen. Steuergelder für Protzbau. Ungereimtheiten bei der Vergabe öffentlicher Gelder. Und vor allem: die umstrittene Dauerausstellung der Sammlung Weggle. Diese bestehe größtenteils aus Raubkunst, heißt es seitens der Kritikerinnen, und der Erfolg der Familie Weggle fuße auf Waffenhandel, Zwangsarbeit und anderen schmutzigen Geschäften.

Als der Kommunikationschef vorschlägt, eine PR-Firma zurate zu ziehen, knurrt ihn Christian an.»Noch mehr Steuergelder verprassen? Nicht in meinen Haus.« Lieber ruft er seinen alten Studienkollegen Erik an, Chefredakteur einer hochauflagigen und altehrwürdigen Tageszeitung. Und klar: Christian kriegt ein dreiseitiges Interview ganz vorn, inklusive Autorisierung und Porträtfotos. Schließlich geht es um den Ruf der Stadt.

Er könne die Aufregung gar nicht verstehen, antwortet Christian auf die erste Frage. Das sei doch alles heiße Luft (~~Abholen~~). Mehrmals betont er, dass es sich bei keinem der Bilder um Raubkunst handle (~~Keine Negationen~~). Nein, die von ihm in Auftrag gegebenen Studien hätten es bestätigt: Es handelt sich *nicht* um Raubkunst, sondern um sogenante Fluchtkunst, von Menschen auf der Flucht rechtmäßig erworbene Kunst

(~~Keine Beschönigungen~~). Und sowieso, fährt Christian fort, Laien wüssten gar nicht, wie schwierig es sei, sich als Museum im internationalen Kunstmarkt zu behaupten. Da müsse man halt Zugeständnisse machen (~~Keine Defensive~~)! Und auch die Vorwürfe, die Weggles wären nur dank Zwangsarbeit reich geworden, seien einfach lächerlich. Das war doch damals der »Courant Normal«. Das sei ein historischer Fakt (~~Geschichte als Geschichte bezeichnen~~).

Drei Stunden nach Veröffentlichung des Interviews kommt es auf dem Museums-Platz zum größten Tumult seit 1972, als es eine junge Kuratorin gewagt hatte, die Skulptur einer Vulva auszustellen. Christian beobachtet die Szene aus seinem Eckbüro durch die geschlossenen Jalousien. Vielleicht wäre er doch besser Künstler geworden, denkt er sich und erinnert sich wehmütig an sein Praktikum in Paris (und an Jean-Pierre).

KERNPUNKTE UND ANWENDUNGSIDEEN

Story

- Holen Sie Ihr Publikum mit Identifikationsfiguren, vertrauten Ortschaften oder anderen gemeinsamen Nennern ab.
- Zeigen und schreiben Sie, was ist. Verzichten Sie auf komplizierte Formulierungen, Erklärungen und Erzählungen.
- Erzählen Sie, als sei es wahr.

Kommunikation

- Holen Sie Ihr Publikum bei seinen Befindlichkeiten und Lebenswelten ab.
- Verzichten Sie auf Beschönigungen ...
- Negationen ...
- ... und defensive Ausflüchte.
- Deklarieren Sie die Geschichte explizit als Geschichte.

Change

- Holen Sie die Beteiligten ab, und nehmen Sie sie mit.
- Seien Sie ehrlich, direkt und offenherzig.
- Verorten Sie Ihr Tun: Was ist Plan, was ist Terrain?

C WIE CUT

···

Glaubt man dem amerikanischen Schriftsteller Jonathan Lethem, entstehen fünfzig Prozent jedes Buches bei der Leserin. Er nennt es »Power of Omitting«, die Macht des Weglassens – im Fachjargon auch elliptisches Erzählen genannt. Das wird bei der Gestaltung von Geschichten – egal ob fiktiv, real oder irgendwo dazwischen – gerne vergessen. Autorinnen, Managerinnen und Selbstoptimiererinnen wünschen sich, alles zu kontrollieren. Die Leere auszuhalten und auf den Prozess, den Subtext und auf das Gegenüber zu vertrauen spart nicht nur Zeit und Geld. Weglassen bedeutet auch immer eine erhöhte Involvierung des Gegenübers. Und Involvierung bedeutet Akzeptanz (siehe auch »C wie Co-Creation«).

Fünf Tricks, wie Sie Geschichten so gestalten können, dass aus weniger mehr wird:

1. **Überspringen.** In einer Sekunde drückt ein grimmiger Typ in New York einen Knopf. Im nächsten Moment explodiert der Eiffelturm. Der Filmschnitt – das »Cutting« – erlaubt es, scheinbar zusammenhanglose Inhalte miteinander zu verknüpfen (siehe auch »C wie Causality«). Und natürlich funktioniert dies auch in Texten, Bildergeschichten, Reden, Gesprächen, Sitzungen oder Plänen.

2. **Spät rein, früh raus.** Eine alte Drehbuchregel besagt, so spät wie möglich in Szenen oder ganze Geschichten einzusteigen und diese so schnell wie möglich wieder zu verlassen. Normalerweise braucht nie-

mand zu sehen, wie die Hauptdarstellerin das Restaurant betritt und ihr Rendezvous begrüßt. Es reicht, mitten im Gespräch einzusteigen – und dieses schnellstmöglich wieder zu verlassen. Oder vielleicht haben Sie während der Pandemie auch wieder einmal Wolfgang Petersens *Outbreak* geguckt. Bevor Virenexperte Dustin Hoffman ins Ebola-Gebiet reist, erinnert ihn Morgan Freeman an ihr wichtigstes Credo: schnell rein, schnell wieder aus. Auch das gilt für Texte, Bildergeschichten, Reden, Gespräche, Sitzungen und Pläne aller Art.

3. **Löschen, was nicht funktioniert.** Von dem indisch-britischen Schriftsteller Salman Rushdie stammt folgender Tipp: Wenn man länger an einer Textstelle herumdoktert und sie will und will nicht funktionieren, gibt es oft eine einfache Lösung: Man löscht die Stelle komplett. Im Nachhinein vermisst sie niemand. Ein vergleichbares Konzept sind die »Sunk Costs« in der Ökonomie. Wenn man immer mehr Geld in ein nicht enden wollendes Projekt »versenkt«, muss man irgendwann einsehen, dass es besser ist, das Projekt komplett zu begraben. Egal, ob es sich um einen Tunnel, eine neue Datenmanagement-Software oder eine langjährige Beziehung handelt – lassen Sie los (siehe auch so ziemlich jedes andere Kapitel).

4. **Details weglassen.** Es heißt, unerfahrene Autoren tendierten dazu, jedes Detail auszumalen – weshalb wir natürlich auf ausführlichere Ausführungen über das ausführliche Ausführen von Ausführungen verzichten. Werfen Sie an dieser Stelle vielleicht noch einmal einen Blick ins Kapitel »C wie Conceptualization«. Wichtig sind einzig die Höhe- und Tiefpunkte sowie Übergänge und Wendungen.

5. Und am wichtigsten: Pausen. Die Schweiz ist wahrscheinlich das einzige Land der Welt, wo Kinofilme noch immer eine Pause haben. Unter vielen Cineastinnen ist das verpönt. Doch wir sind große Fans – und zwar nicht (nur) aus patriotischen, kapitalistischen und urologischen Gründen. Wir genießen es, inmitten der Geschichte innezuhalten und das Erlebte zu besprechen und zu verdauen. Ehrlich! Aber während sich beim Kinoerlebnis über Sinn und Unsinn der Pause diskutieren lässt, steht ihre Bedeutung in Veränderungsgeschichten außer Frage. Der schwedische Psychologe Anders Ericsson[46], der die Welt von Profisportlerinnen, -musikerinnen und so weiter erforscht, hat herausgefunden, dass nebst bewusstem und geführtem Training auch Pausen für die persönliche Weiterentwicklung essenziell sind. Körper und Geist brauchen sie, um das Gelernte zu vertiefen und zu verankern. Was im Buch eine leere Seite oder im Film eine lange, ereignisarme Totale ist, nimmt im Leben die Form von Meditation, Ablenkung, Sport, Rausch oder viel Schlaf ein.

---

46 Vielleicht haben Sie einmal von der 10 000-Stunden-Regel gehört. Diese besagt, dass man ungefähr zehntausend Stunden lang üben muss, um in einer Disziplin zur Weltklasse zu gehören. Sie geht auf Anders Ericsson zurück, auch wenn dieser sie sehr viel differenzierter beschrieb.

EIN GEDICHT

Diese Welt, die aus unserer Liebe für die Leere gemacht ist

Gelobt sei die Leere, die das Dasein ausblendet.
Dasein: Dieser Schauplatz,
der aus unserer Liebe zu jener Leere gemacht ist!

Doch irgendwie kommt die Leere,
dies Dasein verschwindet.

Gelobt sei dieses Ereignis, immer und immer wieder!
Jahrelang zog ich mein eigenes Dasein aus der Leere.

Mit einem Mal, einem Schwingen des Arms,
ist diese Arbeit vorbei.

Frei von dem, der ich war, frei von Anwesenheit,
frei von gefahrvoller Angst, Hoffnung,
frei von mächtigem Verlangen.

Der Berg des Hier-und-Jetzt
ist ein winziges Stück von einem Strohhalm,
fortgeweht in die Leere.

Diese Worte, die ich so oft sage, verlieren an Bedeutung:
Dasein, Leere, Berg, Stroh:

Worte und was sie zu sagen versuchen, hinausgefegt
aus dem Fenster, die Schräge des Dachs hinunter.

Jalāl al-Dīn Muhammad Rūmī[47]

---

47 Die Übersetzung beruht auf derjenigen von Peter Kobbe, erschienen in Rumi, *Offenes Geheimnis*, München 1994, welche wiederum von Ronald Steckel adaptiert wurde (https://bit.ly/3vrs9X8, Abruf am 22.2.22). Letztere Fassung wurde von uns leicht verändert.

KERNPUNKTE UND ANWENDUNGSIDEEN

Story
- Nutzen Sie die fünf Story-Abkürzungen, um Ihre Geschichte dramaturgisch so wirkungsvoll wie möglich zu gestalten:
  - Überspringen Sie Unnötiges.
  - Szenen sind wie Virengebiete: Schnell rein, schnell wieder raus (wenn überhaupt).
  - Löschen Sie, was nach langem Herumdoktern noch immer nicht funktioniert, einfach ganz.
  - Fragen Sie sich bei jedem Detail: Braucht es das wirklich?
  - Lassen Sie Raum zum Atmen.
- Aber Vorsicht: Klarheit vor Schönheit!

Kommunikation
- Man kann nicht nicht kommunizieren? Probieren Sie's ruhig.

Change
- Knappe Pläne sind gute Pläne. Vertrauen Sie auf Prozess, Leerstellen, Pausen und Mitstreiter.

C WIE UNCONSCIOUS

Geist essen Seele auf

Der kleine Max hat sich sein Wolfskostüm übergezogen und tobt wie wild durchs Haus – zum Leidwesen seiner Mutter. Genervt schickt sie ihn ins Bett, und zwar ohne Abendessen! Doch das lässt sich Max nicht gefallen. Er nimmt Reißaus und segelt mit einem kleinen Segelboot auf eine geheimnisvolle Insel. Diese ist bewohnt von riesigen Monstern, eines wilder als das andere. Aber Max ist wilder als sie alle. Er ist der König! Doch irgendwann beginnt er sein Zuhause zu vermissen und beschließt heimzukehren. Und siehe da: Sein noch warmes Abendessen steht neben seinem Bett.

Oder Bastian Bux. Seine Mama ist kürzlich verstorben, Papa ist depressiv, und die Schulkameraden könnten gemeiner nicht sein. In einer Buchhandlung entdeckt Bastian einen geheimnisvollen Wälzer, versteckt sich damit auf dem Speicher seiner Schule und flüchtet sich in die geheimnisvolle Welt von »Phantásien«. Dort schließt er Freundschaften mit seltsamen Wesen, bezwingt mächtige Gegner, rettet das Land vor der Auslöschung und erholt sich bei einer liebevollen Pflanzenmutter von seinen Abenteuern. Wieder zurück zu Hause, hat Bastian gelernt, »er selbst zu sein« und sich gegen seine fiesen Mitschüler zu wehren. Er sucht das Gespräch mit seinem Vater, und zusammen lassen sie ihre Gefühle zu.

Wir haben dieses Buch mit der Geschichte zweier Welten begonnen und davon erzählt, wie die Menschheit von der Welt des Materiellen in die Welt des Geistigen emigrierte. Doch die Frage ist: Tragen wir durch die Erkundung und Besiedlung dieser zweiten Welt, durch deren »Vergeistigung«, nicht auch ein Stück weit zu ihrer Vernichtung bei? Einst war sie ein unheimlicher, schwer zugänglicher Zauberwald voller Geheimnisse, begriffen im steten Wandel – nicht unähnlich dem Land Phantásien aus Michael Endes *Die unendliche Geschichte* oder der Insel aus Maurice Sendaks Kinderbuch *Wo die wilden Kerle wohnen*. Doch heute ist unsere zweite Welt größtenteils eine gut geölte und doch irgendwie rigide Maschine, besiedelt von wohlgeordneten Kategorien, Typologien und Taxonomien, geistreich und unsinnlich.

Kulturpessimistinnen bemängeln denn auch die fehlende Magie unseres Zeitalters und monieren, es fehle uns an Mystik und Mythos. Max Webers berühmte Entzauberung der Welt sei längst ins Innere vorgedrungen und die Fantasie der Wissenschaft und dem Kapitalismus zum Opfer gefallen.

Zum Glück ist die zweite Welt eine unendliche. Im Gegensatz zu den europäischen Kolonialherren der vergangenen Jahrhunderte müssen sich die Erkunderinnen innerer Welten keine Sorgen machen. Noch gibt es viel zu entdecken. Aber auch wir teilen die Ansicht, dass die Menschheit vor lauter Positivismus – nur das Messbare und Replizierbare ist betrachtenswert – den Zugang zum wilden und magischen Teil der zweiten Welt immer seltener findet. Und dass dies gerade im Kontext von Transformation nicht ungefährlich ist.

Denn kein echtes Wandelvorhaben – kollektiv oder individuell – lässt sich mit rationalen Mitteln allein bewältigen. Bei der Zusammenführung zweier Großkonzerne etwa wird auch die kaltherzigste Wirtschaftsanwältin beim Verhandeln irgendwann mit Wut konfrontiert, macht sich bei der Belegschaft trotz feinfühliger Kommunikation und humanem Sozialplan früher oder später Angst breit und müssen sich selbst die kühnsten Chefinnen um ihre randalierenden inneren Kinder kümmern.

Tiefschürfende Transformation bedarf nun einmal eines tiefen Schürfens. Und das führt nicht selten dazu, dass Althergebrachtes, tief Verborgenes erwacht. Wie hieß es nochmals in *Der Herr der Ringe?* »Die Zwerge haben zu gierig und zu tief geschürft. Du weißt, was sie aufgeweckt haben in der Dunkelheit von Khazad-dûm ... Schatten – und Flamme.« Damit die Kräfte aus der Tiefe aushalt- und gestaltbar werden, tut die Wandelwillige gut daran, sich mit dem wilden Teil der zweiten Welt vertraut zu machen – statt diesen so lange zu ignorieren, bis sie nicht mehr anders kann. »Lose your mind and come to your senses«, schrieb der berühmte Psychologe Fritz Perls vor einem halben Jahrhundert. Geschichten helfen, genau das zu tun. Denn das Unbewusste (engl.: *the unconscious*), wie Psychologinnen jenen Teil der Psyche nennen, den wir nicht aktiv kontrollieren können, lässt sich am ehesten metaphorisch begreifen.

Ein fremdes, chaotisches und sich ständig im Fluss befindliches Land, eine »Seelenlandschaft«, welche nach ganz eigenen Gesetzen funktioniert – genau wie Phantásien oder die Insel der wilden Kerle. Das Ego – das Ich – glaubt, es sei die Herrscherin dieses Landes und seine Armee des Geistes und der messerscharfen Gedanken habe alles im Griff. Doch das Einzige, was »Ich« tun kann, ist, das Unbewusste staunend zu bereisen und mit dessen Bewohnerinnen achtsam und liebevoll in Kontakt zu treten – in inneren Bildern, Träumen, Trancezuständen, therapeutischen Sitzungen und immer dann, wenn sich Gefühle bemerkbar machen.

In den Anfängen eines Menschenlebens ist das innere Land noch frei von klaren Grenzen. Äußeres verfließt mit Innerem, Bewusstes mit Unbewusstem. Davon zeugen Monster unterm Bett, das Christkind oder imaginäre Freundinnen. Im Schnitt, heißt es, könne ein junger Mensch erst ab etwa vierzehn Jahren vollständig zwischen Traum und Wirklichkeit, Fakt und Fiktion unterscheiden.

Zudem ist das innere Land anfangs dünn besiedelt. Doch mit der komplexer werdenden Persönlichkeit und Lebenswelt eines Menschen wird auch dessen inneres Dorf bevölkerungsreicher (siehe auch »C wie Character«). Aus einem werden viele. Kriegerinnen, Prinzessinnen, Trickserinnen, Gelehrte, Bösewichte, aber auch wilde Tiere wandern jetzt durchs Land und ringen um die Vorherrschaft. Während besagte Wirtschaftsanwältin verhandelt, gelangt vielleicht früher oder später ein wütender Mob in ihr an die Macht. Oder bei einer Mitarbeiterin sind es plötzlich alte Bewohnerinnen aus frühen Kindheitstagen, die vor Angst, den Anschluss zu verlieren, aufbegehren.

So befindet sich das innere Land in einem delikaten Wechselspiel mit der Außenwelt. Deren Machtstrukturen, Wertvorstellungen, Rollenverständnisse – von den Eltern über Lehrpersonen, Freundinnen und Kolleginnen bis zur Gesellschaft als Ganzes – prägen das innere »Phantásien«. Sie ermächtigen gewisse Teile und verbannen andere in die Unterwelt.

C. G. Jung, einer der Begründer der Tiefenpsychologie, schrieb, jeder Mann hätte eine innere Frau – eine Anima – und jede Frau einen inneren Mann – einen Animus. Doch gerade in Gesellschaften, die von einem rigiden Geschlechterverständnis geprägt sind, werden diese Teile oft »abgespalten« oder weggesperrt. Im männlichen Mann gibt es keinen Platz für Weibliches! In der Folge sucht er das Innere im Äußeren. Doch keine Beziehung wird seinem verloren gegangenen inneren Ideal des Weiblichen das Wasser reichen können.

Auch alle anderen Persönlichkeitsaspekte, welche der Mensch während seiner Entwicklung als falsch empfindet oder vor traumatischen Einflüssen schützen muss, spaltet er ab. Sie verschwinden als »Schatten« in der Unterwelt des Unbewussten. Alles, was gemäß Eltern, Lehrerinnen oder anderen realen oder internalisierten Autoritäten zu stark, dick, zart, fies, eigenartig, schwach, lustig, ernst, tiefgründig, abnormal oder normal ist, wird weggesperrt und/oder in Sicherheit gebracht. Dies kostet die Seele nicht nur viel Energie. Es führt auch dazu, dass sie das Innere im Äußeren sucht. Was der Mensch beispielsweise in sich selbst nicht zu akzeptieren gewillt ist, verurteilt er auch in seinem Umfeld. Sie hassen Faulenzer? Vielleicht sollten Sie sich selbst mal wieder eine Auszeit gönnen, bevor Sie in einen Burn-out schlittern. Rassistinnen machen Sie unfassbar wütend? Gibt es Ängste vor dem Fremden, die Sie sich nicht eingestehen?[48]

Im Idealfall ist das (noch immer metaphorisch zu begreifende) Land des Unbewussten ein naturbelassenes Paradies voller blühender Pflanzen, tollender Tiere und anderer freier Wesen, die harmonisch zusammenleben. Der Buddhismus und die Tiefenpsychologie sind sich einig: Die Seele strebt nach Integration, danach, mit sich und der Umwelt im Reinen zu sein, eins zu sein.[49] Doch die Komplexität und Konflikte der Außenwelt schlagen sich im Inneren nieder. Hatte eine Person etwa eher überfürsorgliche Eltern, ist die Wahrscheinlichkeit groß, dass sich ihre zarte Seele stets in Gefahr befindet, vom Äußeren überschwemmt zu werden. Das Gegenteil kann auf Personen zutreffen, deren Mütter nicht bei jedem Babyschrei zur Stelle waren. Sie fürchten sich ständig davor, verlassen zu werden.

---

48 Wohlgemerkt: Die Abspaltung unterdrückter Persönlichkeitsmerkmale ist nur eine mögliche Erklärung für Phänomene der Nichtakzeptanz von Äußerem. Natürlich gilt es, Rassistinnen Paroli zu bieten. Doch sobald die Emotionen hochgehen, liefert die Schattentheorie unserer Erfahrung nach fast immer wertvolle Anhaltspunkte dafür, dass es noch ein Thema hinter dem Thema gibt.

49 Dazu fällt uns ein alter englischer Witz ein: What does the Dalai Lama say when he orders a pizza? Make me one with everything.

Das, was Psychologinnen Komplexe oder Neurosen nennen, offenbart sich in der bildhaften Welt des Unbewussten in Form gefangener Tiere, vom Einsturz bedrohter Ruinen, böser Roboter oder was auch immer sich die Traumregisseurinnen ausdenken. Doch diese inneren Bilder sind selten Produkte purer Willkür oder ausschließlich auf die aktuellen Lebensumstände der Person zurückzuführen. Das Fundament unser aller Innenleben ist das berühmte »kollektive Unbewusste«. Dieses besteht aus mehr oder weniger allgemeingültigen und wissenschaftlich nicht unumstrittenen Archetypen, die unsere inneren Landkarten seit Anbeginn der Zeit prägen und sich in Mythen und Geschichten rund um den Globus wiederfinden: der Baum des Lebens, der mächtige Drache, mit dem es sich anzufreunden gilt, das göttliche Licht, das innere Kind, die verführerische Schlange, die große Mutter und so weiter (siehe auch die Anmerkungen zur Universalität im Kapitel »C wie Correspondence«).

Die Frage nach dem Ursprung der Archetypen ist und bleibt Gegenstand wissenschaftlicher Debatten. Vieles wird wohl immer ein Mysterium bleiben, verborgen in einer Zeit vor unserer Zeit.[50] Doch eines ist klar: Möchte sich eine Person entfalten, zu ihrem »wahren Selbst« finden, über eine Essstörung hinwegkommen, psychosomatische Beschwerden überwinden, Wutausbrüche in den Griff bekommen, eine bessere Führungskraft, Motivatorin oder Verhandlerin werden, können ihr Archetypen – und auch die anderen Bewohner und Mechanismen des Unbewussten – eine wertvolle Ressource sein.

Und wie gesagt: Geschichten und Metaphern – sowie das Wissen um deren Funktionsweisen – helfen, diese Ressource besser zu verstehen und

---

50 Eine umstrittene Theorie beispielsweise besagt, dass der Mensch von den Flugsauriern abstamme und deshalb von Drachen fasziniert sei. Eine andere postuliert, wir seien Hasen und wüssten von nichts.

sie für Veränderung zu nutzen. Will Storr schreibt in *The Science of Storytelling*: »Fairy Tales take those scary inner selves and turn them into fictional characters. Once they've been defined and externalized, [...] they become manageable. The story these characters appear in teaches the child that, if they fight with sufficient courage, they can control the evil selves within them and help the good to become dominant.«[51]

Und zum Schluss wird es noch etwas »meta«. Wie in den Kapiteln »C wie Construction« und »C wie Contrast« beschrieben, folgen viele Geschichten derselben Struktur: Eine Person lebt in ihrer vertrauten Welt, bis etwas Neues und Fremdes in diese Welt hereinbricht. Die Person stellt sich diesem und tritt mit ihm in Kontakt. Nach einer meist konflikt- und verlustreichen Auseinandersetzung kehrt sie gereift und/oder geläutert in ihre normale Welt zurück, fähig, diese aktiver zu gestalten. Es ist ihr gelungen, den alten Pol mit dem neuen Pol zu »synthetisieren«.

Das Bewusste und das Unbewusste sowie das Äußere und das Innere lassen sich ebenfalls als Polaritäten begreifen, welche »aufzuheben« Aufgabe der Erzählerin oder Gestalterin ist. Haben Sie beispielsweise den ersten *Stirb langsam* gesehen, diesen Film, der früher immer an Weihnachten lief? Bruce Willis spielt darin einen alkoholsüchtigen Polizisten mit Eheproblemen, der es mit Terroristen in einem Hochhaus zu tun bekommt. Eine Interpretation des Films ist, dass die Terroristen Willis' innere Dämonen repräsentieren und das Hochhaus sein Unbewusstes. Erst wenn er dieses aufräumt, kann er sich auch seiner Beziehung stellen.

---

51 »Märchen nehmen diese unheimlichen Zustände des inneren Selbst und verwandeln sie in fiktive Figuren. Wenn sie einmal fest umrissen und veräußerlicht wurden, [...] werden sie handhabbar. Die Geschichte, in der diese Figuren auftauchen, lehrt das Kind, dass es, wenn es mit genügend Mut kämpft, das Böse in sich kontrollieren und dem Guten helfen kann, die Oberhand zu gewinnen.«

Ähnlich verhält es sich mit den kleinen und großen Herausforderungen des Alltags. Sie alle bringen das Unbewusste in Aufruhr. Es lohnt sich daher, dieses innere Land kennenzulernen oder zumindest dessen uns größtenteils verborgene Existenz und Mechanismen anzuerkennen – um zu wachsen, zu gedeihen und Gestaltungsräume im Äußeren wahrzunehmen.

Oder wie der Buchhändler in *Die unendliche Geschichte* zum jungen Helden Bastian Bux sagt:

Es gibt Menschen, die können nie nach Phantásien kommen [...], und es gibt Menschen, die können es, aber sie bleiben für immer dort. Und dann gibt es noch einige, die gehen nach Phantásien und kehren wieder zurück. So wie du. Und die machen beide Welten gesund.

Amen.

EIN BEISPIEL

Eigentlich würde Urs lieber als Psychoanalytiker arbeiten. Wofür sonst hat er eine vierjährige Weiterbildung am Jung-Institut und sechs Jahre Lehranalyse gemacht? Aber als Führungskräfte-Coach verdient er einfach mehr Geld. Irgendwie muss er seine Kinder ja füttern. Und die Ferienwohnung im Engadin zahlt sich auch nicht von alleine ab.

Als sein neuer Klient Dr. Jörg Maximilian Ulrich in einem der beiden Eames-Sessel im Sitzungszimmer Platz nimmt, hat Urs sein Urteil längst gefällt: Das ist wieder einer dieser erfolgsverwöhnten Typen, die nie zufrieden sind. Die gehen ihm schon immer auf die Nerven.

»Die Probleme haben mit der neuen Chefin angefangen«, erzählt Dr. Ulrich, »sie ist einfach ein verbitterter Drache.«

»Aha«, sagt Urs.

»Ja, seit sie bei Ikarus Aviation Consulting das Zepter übernommen hat, bin ich wie blockiert. Ich komme einfach nicht mehr weiter.«

»Ikarus, sagen Sie?« Urs nimmt sich ein Stück Schokolade.

»Ikarus, genau. Hat aber nichts mit Autos zu tun. Ist irgendwas Griechisches. Wo war ich?«

»Beim Drachen.«

»Genau, seit sie da ist, habe ich auch immer so schräge Träume. Neulich hatte ich … hatte ich mit ihr … na ja, Sie wissen schon.«

»Ich weiß nicht viel«, sagt Urs.

»Einen erotischen Traum. Mit ihr!« Dr. Ulrich wirft die Arme hoch.

»Dem Drachen?«

»Genau. Also als Frau. Sie, nicht ich … egal. Jedenfalls hat sie mich plötzlich verschlungen. Wie ein Walfisch! Obwohl ich überhaupt nicht auf sie stehe. Sie ist soooo unsympathisch. Und fett ist sie auch. Ein Wunder, dass Greenpeace nicht vorbeikam, um sie abzutransportieren.« Dr. Ulrich presst ein Lachen heraus.

Urs verzieht keine Miene. Bodyshaming fand er noch nie lustig.

»Und was hat das mit Ihrer Realität zu tun?«

»Ich glaube nicht an so was.«

»An so was?«

»An Träume.«

»Und trotzdem erzählen Sie mir davon.«

»Ja, für das Big Picture halt.«

»In der Realität könnte Ihnen Greenpeace also nicht weiterhelfen?«

»Greenpeace?« Jetzt ist Dr. Ulrich verwirrt.

Urs hingegen hat so viel Spaß wie lange nicht mehr. Mithilfe seines siebzehnjährigen Patenkindes unterzieht er seine verstaubte Website einem Redesign. »Beratungen mit Tiefe. Wecken Sie Ihren Business-Drachen, aber fliegen Sie nicht zu nahe an der Sonne ...« Endlich macht Urs das, was ihm Spaß macht. Auch wenn er eigentlich ja lieber Musical-Intendant geworden wäre. Aber wofür hat er dann eine vierjährige Weiterbildung am Jung-Institut und sechs Jahre Lehranalyse gemacht?

KERNPUNKTE UND ANWENDUNGSIDEEN

Story
- Egal ob *Stirb langsam* oder *Göttliche Komödie*: Viele Geschichten lassen sich als metaphorische Reisen ins Unbewusste interpretieren. Das Innere zeigt sich im Äußeren – und das Äußere im Inneren.

Kommunikation
- Lernen Sie die Sprache des Unbewussten. Nur dann wird es Ihnen gelingen, auch die entlegensten inneren Dörfer Ihres Publikums zu erreichen.

Change
- Am Unbewussten kommt kein Wandelvorhaben vorbei. Machen Sie sich mit dessen seltsamen Mechanismen und Bewohnerinnen vertraut – nicht zuletzt mithilfe von Geschichten und Metaphern.

C WIE CEREMONY

Ritus longus

Ganz die introvertierten Individualisten, hassen wir nichts mehr als jegliches Vorhaben von Lehrpersonen, Coaches, Vorgesetzten, religiösen Figuren oder Kolleginnen (du bist gemeint, Ralph), Gruppen mittels gemeinsamen Ritualen auf irgendetwas einzuschwören. Schon einiges haben wir über uns ergehen lassen: Eisschwimmen und Eisbrecher, Feuerlaufen und Feuertaufen, Schnitzeljagden und Schnitzelessen.

Doch wenn wir ehrlich sind, mussten wir im Nachhinein fast immer zugeben: Okay, war schon ganz lustig. Und mehr noch: Daran werden wir uns erinnern.

Das aus dem Sanskrit stammende Wort Ritual heißt so viel wie »Ordnung herstellen«. Gemeint ist der Einklang zwischen Individuum und Gemeinschaft, zwischen dem Physischen und dem Metaphysischen, zwischen der ersten und der zweiten Welt. Rituale sind die zentralen Bindeglieder zwischen der Wirklichkeit und der Geschichte. Sie machen die Geschichte »wirklich« erlebbar. Und sie helfen, die Wirklichkeit zur Geschichte hochzustilisieren.

Die heutige Zeit ist arm an großen und reich an kleinen Geschichten. Was sich in unserem Verhältnis zu Ritualen spiegelt. Wir trinken zwar jeden Morgen unseren Hafermilch-Cappuccino, treffen uns regelmäßig zu Afterwork-Drinks und werden auf die eine oder andere Hochzeit eingeladen. Doch einschneidende, wirklich Orientierung schaffende Zeremonien sind selten geworden. Trotzdem erfüllen religiöse, spirituelle, politische, organisationale, gesellschaftliche, private und auch ganz indi-

viduelle Rituale noch immer eine Vielzahl von Zwecken. Vereidigungen fes-
tigen politische Normen und Machtstrukturen. Internationale Wettkämpfe
erlauben es, Spannungen spielerisch zu begegnen. Beerdigungen schaffen
Raum für Gefühle. Und Psychologinnen nutzen Rituale als therapeutische
Mittel zur Heilung von Traumata.
Doch was macht gute Rituale aus? Eine Anleitung.

- **Gute Rituale sind geführt.** Erinnern Sie sich noch an die Sitcom *How I
  Met Your Mother*? In dieser kündigt der trinkfreudige Barney so ziemlich
  jedes Vorhaben mit dem gleichen Satz an:»Es wird legendär!« Rituale
  brauchen Barneys: Menschen oder Medien (inklusive einfacher Leitfä-
  den), die uns durchs Dickicht führen und bei Bedarf motivieren dran-
  zubleiben.

- **Gute Rituale sind symbollastig.** Das Kreieren gemeinsamer, bleiben-
  der Zeichen ist eines der wichtigsten Bindeglieder zwischen Mythos
  und Realität. Das Hissen einer Flagge, ein Erinnerungsfoto oder ein kleines Mitbringsel verankert das Ritual im Alltag und in der Erinnerung.

- **Gute Rituale sind formal.** Es braucht Signale und Codes, die deutlich machen: Was jetzt passiert, bewegt sich außerhalb des Gewöhn-
  lichen. Wichtig ist vor allem eine entsprechende Dramaturgie mit
  einem klaren Anfang, einem offiziellen Ende und einer aufreibenden
  Mitte[52] (siehe »C wie Chapter« und »C wie Construction«).

---

52 Viele Rituale – vor allem Initiationsriten – schaffen in der Mitte bewusst eine rauschhafte Orientierungslosigkeit. Diese gibt der Seele Zeit, sich vom Alten zu lösen und Raum für Neues zu schaffen. Prost! (Siehe auch
»C wie Construction«.)

– **Gute Rituale sind keine Einzelerscheinung.** Stellen Sie sich vor, wir würden nur einmal im langen Leben Geburtstag feiern, nur gewisse Paare dürften heiraten (räusper ...) oder Sie würden zwar zeremoniell im neuen Job willkommen geheißen, doch der Abschied erfolgte sang- und klanglos. Kein Ritual ist eine Insel. Es ist immer eine Geschichte in der Geschichte. Gute Managerinnen etwa sollten ihre hoch und heiligen Strategie-Retreats regelmäßig durchführen, und anonyme Alkoholikerinnen erhalten nicht nur für einen Meilenstein eine Münze, sondern für jeden.

– **Gute Rituale sind aktivierend.** Die amerikanische Anthropologin Barbara Myerhoff schrieb: »Not only is seeing believing, doing is believing.« Nicht nur Sehen, auch Tun heißt Glauben. Gute Rituale bewegen die Teilnehmenden dazu, sich selbst zu bewegen und so Gedachtes und Imaginiertes im Körper zu verankern. Es muss ja nicht grad Eisschwimmen sein (ja, Ralph).

– **Gute Rituale sind getimt.** Wie im Kapitel »C wie Conceptualization« beschrieben, erinnert sich das Gehirn an gewisse Momente besonders gut: Tief- und Höhepunkte sowie Übergänge. Timen Sie Ihre Rituale anhand dieser Schlüsselmomente – und gestalten Sie ebendiese rituell. Feiern Sie den Abschluss eines Projekts zum Zeitpunkt von dessen Abschluss und nicht erst Monate später. Fangen Sie das Scheitern Ihres Start-ups mit einer »Beerdigung« auf. Und machen Sie vor der bevorstehenden Hochzeit einen drauf.

– **Gute Rituale sind nicht langweilig.** Natürlich kann die Zeremonienmeisterin bewusst Phasen der Introspektion und Kontemplation einplanen. Doch insgesamt tut sie gut daran, sich an Paris Hiltons berühmtes Credo zu halten:»The only rule is don't be boring and dress cute wherever you go.«[53]

Wir – ausgerechnet wir – plädieren dafür, Rituale wieder vermehrt zu ritualisieren. Denn Rituale machen das Leben zu einer mythologischen Erfahrung. Und die mythologische Erfahrung ermöglicht es, uns in der Realität zu orientieren und neue Realitäten zu kreieren. Tauchen Sie ein!

EIN BEISPIEL

Programmierer Sören ist genervt. Seit beim letzten Strategie-Retreat seine beiden Kollegen spurlos verschwunden sind, versinkt er in Arbeit. Und jetzt hat ihm Annalena auch noch einen Terminblocker für den ganzen verdammten Mittwoch reingedrückt.»Off-site for insights and insides«? Was ist denn das für ein Scheiß? Aber Annalenas Wort gilt. Sie ist es, die Vertigvleisch.de gegründet und in gerade mal 25 Monaten zum unangefochtenen Platzhirsch unter den Onlineversandhändlern für vegane Fleischersatzprodukte hochgezüchtet hat. Sie trägt den Titel»Head of Herz«. Sören hingegen ist als Neuling nur ein»Blutkörper«. Na ja, ist ja alles für die Sache, denkt er sich, drückt auf den kleinen grünen Haken und nimmt einen Bissen von der veganen Salami. Er kann immer noch nicht glauben, dass hierfür kein einziges Tier sterben musste.

---

53   »Sei nicht langweilig und zieh dich hübsch an, egal wo du hingehst – das ist die einzige Regel.«

Am Horizont versucht die Morgensonne, einen Weg durch die dunklen Regenwolken zu bahnen. Sören ist einer der Letzten, die am Versammlungsort am Waldrand eintreffen. Ein paar Kolleginnen haben sich bereits die neuen gelben Pullis übergestülpt und singen vergnügt die Firmenhymne: »Fertig mit dem Fleisch. VertigVleisch! VertigVleisch! Wir sind alle eingevleischt! Eingeschweißt und eingevleischt.« Sörens Brust zieht sich zusammen. Bei diesen Firmenritualen hat er immer so ein mulmiges Gefühl. Jetzt könnte er noch abhauen. Merkt doch eh niemand. Zurück zu seinem Gamerstuhl im Homeoffice. Doch schon stürmt Trevor mit seinem Zehntausend-Euro-Lächeln auf ihn zu. Trevor, der als Personalchef den Titel »Head of Darmtrakt«, kurz HoD, trägt, drückt Sören das Willkommenspaket in die Hand: ein Goretex-Rucksack, prall gefüllt mit Delikatessen und allerlei technischem Firlefanz. »Wir machen eine Schnitzeljagd zum Urururu, dem Gott der Bäume. Annalena meint, das sei ein alter heidnischer Brauch oder so. Gut zum Einstimmen auf die neue Strategieperiode. Bist du bereit, durch den Schlamm zu robben?«

»Allzeit bereit«, lügt Sören und rechnet sich aus, dass der Inhalt des Rucksacks mehr wert ist als ein halber Monatslohn. Er muss dringend seine Zahlen aufbessern. Sonst wird das nie was mit dem Verlobungsring für Anastasia, damit sie endlich von Irkutsk zu ihm zieht.

Zusammen mit zwei anderen Blutkörperchen, Verkäufer Claude und Praktikantin Miriam, taucht er in den Wald ein. Und Sören muss zugeben: Die »Organe« haben keine Kosten gescheut. Ein Posten ist origineller als der andere. Posten 3: mit einer Augmented-Reality-Brille auf einen Baum klettern und die strategischen Äste auswendig lernen. Posten 8: Smoothie brauen aus Waldkräutern. Posten 10: mit einem hochmodernen Mini-Scubadiving-Set auf den Grund des Wandelweihers tauchen und die Visionsmünze finden. Posten 13, 15 und 17: Waldmeditation mit LSD-Microdosing.

Doch was bitte schön soll das denn jetzt? Posten 18: Unternehmenswerte-Bodypainting mit Natursalzen und anschließendem Verbrennen der Klamotten? Mitsamt der Unterwäsche? Miriam und Claude zögern nicht lange. »Für die Sache!«, rufen sie fast gleichzeitig und steigen aus ihren Jeans. Mit dem Klickgeräusch von Miriams BH-Verschluss beschließt auch Sören, dass die Sache wichtiger ist als die Angst, die kühle Waldluft könnte ihn in unvorteilhaftem Licht erscheinen lassen.

Es ist bereits dunkel, als die drei schlammverkrustet den letzten Posten erreichen. Von weitem hören sie die sphärische Technomusik, angelehnt an die Melodie der Firmenhymne. Die Belegschaft hat sich splitternackt um eine alte Eiche versammelt. Hinter einem DJ-Pult thront Annalena, ihr Körper leuchtet neongelb. Sie brüllt ins Mikrofon: »Applaus für Miriam, Claude uuuuuund Sören!« Die Menge tobt. Sören ist überrascht. Annalena kennt seinen Namen? »Kommt zu mir auf die Bühne! Als letzte Gruppe wird euch eine besondere Ehre zuteil.« Claude jubelt, Miriam packt Sören an der Hand und zerrt ihn durch die Menge. Täuscht er sich nur, oder wurde die Technomusik plötzlich eine Spur düsterer? Oben angekommen, blenden ihn die riesigen Scheinwerfer. Trevor, in schwarzer Kutte, stellt sich neben ihn. Nicht nur seine Zähne blitzen auf. Was hält er da in seiner Hand?

»Seid ihr bereit, euch Urururu hinzugeben?«, ruft Annalena durch die Technoklänge hindurch.

»Ja!«, hört Sören seine Kameradinnen und sich selber rufen.

»Seid ihr bereit, für die Sache zu sterben und zu werden?«

»Jaaa!« Sören wird ekstatisch.

»Seid ihr bereit, euch für die geheime Vrischvleisch-Zutat zu opfern?«

»Jaaaa. Jaaaa!«

Sörens Schreie verhallen am Waldrand. Eine Gruppe Raben flattert davon.

Monate später blickt Anastasia durchs schneeverkrustete Fenster auf den Baikalsee. Was hat sie bloß falsch gemacht? Wieso meldet sich ihr Schatz nicht mehr? Seit Ewigkeiten hat er sich in keinem der Online-spiele angemeldet, wo sie sonst so viel Zeit zusammen verbracht haben. Lustlos scrollt sie durch die Website des Irkutsker *Tagblatts*. In der Sparte »International« bleibt sie an einer Schlagzeile hängen: »Deutsche Erfolgs-firma verwickelt in Kannibalismus-Skandal«.

KERNPUNKTE UND ANWENDUNGSIDEEN

Story
– Erzählen und genießen Sie Geschichten in rituellen Settings. Schauen Sie Ihre Lieblingsserie einmal nicht zerstückelt und nebenbei. Kaufen Sie Popcorn, verkleiden Sie sich, und lassen Sie Ihr Handy im Nebenzimmer.

Kommunikation
– Verwenden Sie rituelle Elemente, zum Beispiel Symbole oder Wiederholungen, um Ihrer Botschaft Gewicht zu verleihen.
– Spielen Sie mit der Metapher des Rituals: Es müssen nicht immer Firmenhochzeiten und Jubiläen sein. Wie wäre es mit einem Initiationsritus für neue Mitabeitende, mit der Beisetzung eines misslungenen Projekts oder einer offziellen Taufe nach dem Rebranding?

Change
– Ob es Ihnen (und uns) gefällt oder nicht: Rituale sind zentrale Bindeglieder zwischen Plan und Umsetzung. Nutzen Sie sie – ganz rituell.
– Gute Rituale sind
  – geführt,
  – symbollastig,
  – formal,
  – keine Einzelerscheinung,
  – aktivierend,
  – getimt
  – und nicht langweilig.

C WIE CAMINO

Der Weg ist der Wandel

Gehören Sie zu den wenigen Menschen, die sich inmitten der Pandemie aufgerappelt haben, um die epische, wenn auch ein bisschen wie eine dreistündige Parfümwerbung anmutende Neuverfilmung des Science-Fiction-Klassikers *Dune* im Kino anzusehen? Die Geschichte handelt von einem jungen Prinzen, der aus seinem komfortablen Zuhause vertrieben wird, eine gefährliche Wüste durchwandert und zu seiner Identität findet, als er mit einem fremden und archaischen Stamm in Kontakt kommt. Seine innere Veränderung zeigt sich am beschwerlichen Weg (spanisch *camino*), den er zurücklegt. Der Regisseur Denis Villeneuve meint dazu:»Mich fasziniert die Idee, dass man, je mehr man in ihr (der Wüste) voranschreitet, umso tiefer in sich selbst vordringt. Der Raum wird zur Metapher einer inneren Reise.«

Viele Geschichten zeigen: Nichts verdeutlicht und beschleunigt Veränderung über die Zeit mehr als der Wandel über den Weg. So gesehen in Roadmovies und Weltraumopern, aber auch in religiösen Ritualen wie Vision Quests oder Pilgerreisen (siehe auch»C wie Construction« und»C wie Ceremony«).

Warum ist das so? Und was können wir daraus lernen?

- **Reisen verändern den Kontext.** Und der bestimmt den Text. Die sich während einer Reise verändernde Umwelt inspiriert das Unbewusste und erlaubt es ihm, dasselbe zu tun. Burn-out-Patienten etwa brauchen oft einen buchstäblichen Tapetenwechsel, um sich zu erholen.

Von Trauer geplagte Menschen kommen oft erst nach langen Reisen über ihren Verlust hinweg. Und in Organisationen lässt sich nach jedem Umzug eine Veränderung des Energiepegels messen.

– **Reisen erzwingen immer ein Los- und Zurücklassen, ein Aufgeben des bequemen Nestes** (nicht einmal die Königin von England kann den Buckingham Palace auf ihre Kutsche laden). Und das – so beschrieben in den Kapiteln »C wie Crisis« und »C wie Character« – ist ein wichtiger Bestandteil jeder erfolgreichen Transformation. Denn jede Entscheidung für das eine bedeutet den Verlust des anderen. Darüber hinaus helfen Reisen auch, diese Entscheidungen selbst zu treffen. Denn auf dem Weg durch die Wildnis ist die Heldin auf sich allein gestellt.

– **Reisen haben einen medialen Effekt.** Sie sind eine Form der Visualisierung des Erlebten oder Geplanten. Sie erlauben es den Beteiligten, sich die Veränderung vor Augen zu führen und sich in Momenten des Zweifels an sie zu erinnern. Unternehmensstrategien werden oft als Weg in die Zukunft dargestellt. Prozesspläne folgen der gleichen Logik wie Bahnnetz-Karten. Redner nutzen einen Spaziergang durch einen »Gedächtnispalast«, um sich an die Details ihrer Rede zu erinnern. Und eine Freundin von uns, die nach einer schwierigen Trennung ein halbes Jahr durch Südostasien tingelte, meinte einmal, rückblickend sei jeder Strand, jedes Dorf und jede Liebschaft eine Station auf der inneren Landkarte der Loslösung gewesen.

Der in diesem Buch bereits mehrmals zitierte Mythenforscher Joseph Campbell schreibt: »The hero moves not into outer space but into inward space, to the place from which all being comes, into the consciousness that is the source of all things, the kingdom of heaven within. The images are outward, but their reflection is inward.«[54]

Doch Campbell unterstreicht auch die Wichtigkeit der Rückkehr. Die Heldin mag noch so tief ins fremde Land vordringen. Ihr Reifeprozess ist nur dann komplett, wenn sie geläutert ins Heimatland zurückkehrt, um dieses aktiv mitzugestalten. Veränderung ist ein Kreislauf und ein Kreislauf (siehe auch »C wie Construction«).

Wie können Sie räumliches Reisen nutzen, um Veränderung zu gestalten? Welche echten und metaphorischen Wege helfen Ihnen dabei? Welchen Kontext können Sie wie ändern? Brechen Sie auf und brechen Sie auf.

EIN MÄRCHEN

So kann das echt nicht weitergehen, denkt sich Ayzik und wirft ein Holzscheit in den Ofen. Seit Wochen erwacht er jede Nacht vom selben Traum. Darin gräbt er unter einer Brücke im fernen Prag nach einem Schatz. Doch kaum stößt sein Spaten auf eine Truhe, schreckt er auf und liegt anschließend stundenlang wach.

Nachdem er einmal mehr bei der Arbeit eingeschlafen ist, bittet er seinen Meister um eine Auszeit. Er packt sein Bündel, sattelt sein Pferd und nimmt die beschwerliche Reise von Krakau nach Prag auf sich. Unterwegs

---

54 »Der Held bewegt sich nicht in den äußeren Raum, sondern in den inneren Raum, an den Ort, aus dem alles Sein kommt, in das Bewusstsein, das die Quelle aller Dinge ist, das Himmelreich im Inneren. Die Bilder sind äußerlich, aber ihr Spiegelbild ist innerlich.«

entkommt er Wegelagerern, erlebt Unwetter und fällt vor Erschöpfung mehrmals fast vom Pferd. Endlich am Ziel angekommen, kann er es kaum fassen: Die Brücke gibt es tatsächlich. Sie sieht genauso aus wie in seinem Traum. Dumm nur, dass sie von einem Soldaten seiner Majestät bewacht wird. Den Spaten unter den Arm geklemmt, spricht Ayzik ihn an.

»Ähm, entschuldigen Sie … Wäre es Ihnen genehm … nun ja … wenn ich hier ein Loch grabe?«

»Ein Loch? Hier? Wieso das denn?«, raunzt ihn der Soldat an.

Ayzik fasst sich ein Herz und erzählt ihm von seinem Traum. Er verspricht dem jungen Soldaten sogar einen Anteil an der Beute.

Doch der lacht nur. »Du hast sie doch nicht mehr alle. Ich träum auch fast jede Nacht davon, dass in einem Haus in Krakau unter einem alten Ofen ein Schatz versteckt ist. Aber wegen dem lass ich ja auch nicht alles stehen und liegen. Hau ab, du Spinner.«

Genau das tat Ayzik. Wieder zu Hause angekommen, machte er sich sogleich über seinen Ofen her und – siehe da – fand einen prächtigen Schatz.

KERNPUNKTE UND ANWENDUNGSIDEEN

Story
- Roadmovies, Weltraum-Sagas und Abenteuerreisen: Der äußere Weg einer Protagonistin verdeutlicht ihren inneren Weg.

Kommunikation
- Der Weg ist und bleibt *die* Metapher für kollektive oder psychologische Veränderung.
- Auch wenn die Chefin die neue Strategie unbedingt wieder als Seilschaft zu schneebedeckten Gipfeln visualisiert haben will: Bitte verzichten Sie auf »Trampelpfade«.

Change
- Das physische Begehen, Bewandern, Befahren, Befliegen oder Bewasauchimmer eines Weges kann den inneren Wandel beschleunigen. Denn echte Wege
  - bedeuten eine Veränderung des Kontexts und verändern somit auch den »Text«,
  - stiften dazu an, Ballast los- und zurückzulassen,
  - und haben einen medialen Effekt: Sie wirken als Visualisierung und Gedächtnisstütze.

C WIE COMPARISON

Das Leben der Anderen

»*I told my story and made his ... (s)tory*«, singt der amerikanische Rapper Drake. Ich habe meine Geschichte erzählt und (seine) Geschichte geschrieben. Ein Großteil von *Change it!* handelt davon, die Realität als Geschichte zu begreifen und so Gestaltungsräume zu erschließen. Doch Letzteres bedarf auch »fremder« Geschichten: Erfahrungsberichte, Szenarios, Fabeln oder Metaphern. Sie alle inspirieren dazu, die eigene Lebenswelt aus immer neuen Blickwinkeln zu betrachten – und zu verändern. Zur Erinnerung: Jede Geschichte ist ein Stück Information, das mindestens eine Transformation beinhaltet, weshalb sie auch ihre Rezipientinnen transformiert. Sie holt sie am Punkt A ab und bringt sie zu Punkt B.

Das vergleichende Denken mittels Geschichten und Metaphern[55] gilt als einer der Grundpfeiler menschlicher Entwicklung. Es erfüllt eine Vielzahl von Funktionen. Es hilft zu normieren, zu lernen, zu innovieren, zu motivieren, zu heilen und zu orientieren. Weshalb sowohl Organisationen als auch Individuen gut daran tun, es zu kultivieren.

---

55 Der Einfachheit halber verzichten wir in *Change it!* auf eine differenzierte Verwendung und Betrachtung des Begriffs der Metapher sowie verwandter Ausdrücke. Gerne verweisen wir Sie auf die entsprechenden Kapitel in unserem Buch *Reframe it!*.

DIE NORMIERENDE FUNKTION

Schon früh realisierten die beiden Brüder und Comicautoren Larry und Andy, dass ihre Geschlechtsidentität nicht in Einklang mit ihrem Körper ist. Gerne hätten sie ihre Erfahrungen zu einem Film verarbeitet. Doch es waren die Neunzigerjahre, und keine Produktionsfirma war bereit, ein derart »heikles« Thema anzugehen. So versuchten es Larry und Andy mit einer Metapher, die nur Eingeweihte verstehen würden: Einen jungen Mann beschleicht das Gefühl, in einer »falschen« Welt gefangen zu sein. Er nimmt große Strapazen auf sich, um auszubrechen, zu seinem echten Ich zu finden und auch andere zu befreien. Mit dieser Idee gelang es den beiden Brüdern, ein Studio zu finden. *The Matrix* wurde zum Welthit und gilt heute als einer der besten Filme aller Zeiten. Andy und Larry wurden zu Lilly und Lana und zu wichtigen Exponenten der Trans-Bewegung. Über den Umweg einer Metapher leisteten sie einen Beitrag, das gesellschaftliche Verständnis des Normalen und Akzeptierbaren zu verschieben.[56]

Der österreichisch-britische Philosoph Ludwig Wittgenstein schrieb, wovon man nicht sprechen könne, darüber müsse man schweigen. Der Schriftsteller und Semiotiker Umberto Eco entgegnete: »Wovon man nicht theoretisch sprechen kann, darüber muss man erzählen.« Jeder Veränderung – egal ob gesellschaftlicher, organisationaler oder individueller Natur – liegt eine Verschiebung von schwer greifbaren Werten, Normen und Identitäten zugrunde. Geschichten und Metaphern helfen, letztere zu festigen oder aufzubrechen. Wenn Heldinnen mutige Entscheidungen tref-

---

56 Der 2021 erschienene vierte *Matrix*-Film überträgt die Trans-Metapher übrigens in die heutige Zeit und behandelt das Thema Nonbinarität. Wir fanden den auch sonst sehr unterhaltsamen Film unter diesem Gesichtspunkt unfassbar spannend (siehe auch »C wie Contrast«).

fen, inspirieren sie auch uns dazu, ein »gutes Leben« zu führen. Und Antiheldinnen und Antagonistinnen zeigen, was passiert, wenn wir es nicht tun. Welcher Werteverschiebung bedarf Ihre Geschichte? Und welche anderen Geschichten bestärken diese?

DIE PÄDAGOGISCHE FUNKTION

Bereits unsere frühen Vorfahrinnen nutzten Geschichten, um Erfahrungen rund um Ackerbau, Jagd oder Heilkräuter zu speichern und weiterzugeben. Denn erstens erinnert sich das Gehirn am liebsten an Geschichten (siehe auch »C wie Causality« und »C wie Character«). Zweitens ist es ein Meister der Übertragung. Hört es eine konkrete Information, fällt es ihm leicht, diese auf eine andere Situation anzuwenden. Zwei Äpfel und drei Äpfel sind zusammen fünf Äpfel? Das muss auch für Birnen und Bananen gelten. Thomas aus der Produktion hat eine Gehaltserhöhung ausgehandelt? Das kann ich auch. Hingegen kostet es das Gehirn mehr Energie, Abstraktes konkret zu machen. Denn dafür muss es den Hochleistungsmotor namens Vorstellungskraft anwerfen (siehe auch »C wie Concrete«).

Für den Führungsexperten Steve Denning sind Lehrgeschichten die wahren Arbeitspferde des Storytellings. Auch wenn sich diese nicht immer als klassische Geschichten zu erkennen geben. Nicht selten fehlt ihnen an interessanten Protagonisten und spannenden Strukturen. Häufig bestehen sie einzig aus den Elementen Situation, Problem und Lösung (siehe auch »C wie Construction«). Oft beantworten sie langweilige Fragen à la »Wie hast du den Drucker wieder zum Laufen gebracht?« oder

»Wie bist du so schnell wieder gesund geworden?«. Darüber hinaus haben Lehrgeschichten meist einen negativen Ton. Sie sind »Cautionary Tales«, Warngeschichten. Man denke an Äsops und La Fontaines bitterböse Fabeln. Wegen dieser Kombination kann sich besagtes Arbeitspferd selbst im Weg stehen. Ist eine Geschichte langweilig und negativ, verbreitet sie sich nur zäh – und womöglich wichtige Informationen gehen verloren.

Doch der Austausch von Lernerfahrungen ist natürlich ein zentraler Pfeiler erfolgreicher Veränderung. Weshalb es sich gerade in einem organisationalen Kontext lohnt, das Sammeln, Verknüpfen und Erzählen von Projekten, Erfahrungen und (Miss-)Erfolgen systematisch zu fördern.

Wir träumen immer noch davon, dereinst eine ausgeklügelte Software-Plattform zu entwickeln, die ebendas tut: das Storycockpit™[57]! Doch bis dahin sind Sie auf sich allein gestellt. Wie können Sie Geschichten nutzen, um zu lernen und zu lehren? Wie können Sie sie spannender und positiver gestalten? Und welche Instrumente – Kaffeekränzchen, Online-foren, Dokumentarfilme, Biografien, Märchenbücher – helfen Ihnen dabei?

DIE INNOVIERENDE FUNKTION

Johannes Kepler gilt als einer wichtigsten Astronomen. Doch seine Zeitgenossen belächelten ihn. Selbst Galileo Galilei, nicht gerade für konformistische Zwänge bekannt, fand Keplers Ideen hirnrissig. Der Mond soll Herr über die Meere sein? Die Planeten bewegen sich nicht in perfekten

---

57 Zugegeben, das Trademark-Zeichen ist eine blanke Lüge. Sie können die Idee und den Namen gerne klauen. Machen Sie was Gescheites draus.

Kreisen? Der spinnt, der Johannes. Seine Hypothesen waren vom wissenschaftlichen Wissen der damaligen Zeit derart weit entfernt, dass er sich ihrer nur mittels analogischer Gedankenspiele annehmen konnte. Jedes Mal, wenn er mit seinen Forschungen in einer vermeintlichen Sackgasse landete, soll er fremde Sachverhalte hinzugezogen haben. Er beobachtete Seemänner, die ihre Boote über Flüsse mit Strudeln navigierten, oder Redner, die große Menschenmengen um sich scharten. So gelang er zu immer neuen Ansätzen und Lösungen, die die Astronomie bis heute prägen.

Geschichten helfen also nicht nur, Wissen zu speichern und zu vermitteln, sondern auch, neues Wissen zu schaffen. Analogisches Denken bedeutet den Transfer von Wissen von einer Situation auf eine andere. Dabei werden mehrere, aber eben nicht alle Elemente eins zu eins übertragen. Und je weiter die Analogien von der eigenen Realität entfernt sind und je mehr verschiedene benutzt werden, desto effektiver ist der Transfer. Organisationsentwicklerinnen etwa nutzen eine Vielzahl schräger Metaphern, um ihre Organisation besser zu verstehen und blinde Flecken in deren Denken auszumerzen. Wenn sie das Unternehmen durch die Brille der Theatermetapher betrachten, lenken sie den Blick auf Herausforderungen rund um Rollenverständnisse. Nutzen sie hingegen die Maschinen-Metapher, geht es plötzlich um effiziente Prozesse. Wer ist das Sand im Getriebe? Wer dreht am Rad?[58]

Eine andere Technik ist, über den Tellerrand der eigenen Industrie zu schauen und Geschäftsmodelle anderer Branchen auf die eigene zu übertragen. Nespresso etwa verdankte die Idee, billige Kaffeemaschinen und teure Kapseln zu verkaufen, nicht zuletzt der Firma Epson. Diese macht dasselbe mit ihren Druckern und Druckpatronen.

---

58 Siehe auch *Reframe it!*, Kapitel »Bilder der Organisation«.

Wie können auch Sie Geschichten und Metaphern nutzen, um Ihre eigenen Probleme, Vorhaben und Ideen in ein neues, fremdes und innovativeres Licht zu tauchen? Und welche Geschichten und Metaphern könnten das sein?

DIE MOTIVIERENDE FUNKTION

Ein guter Freund von uns hat viele Jahre als professioneller Eishockeyspieler zugebracht. Er hat Meisterschaften gewonnen, epische Abstiegskämpfe ausgefochten, um olympische Medaillen gespielt, Gehirnerschütterungen erlitten und Faustkämpfe über sich ergehen lassen. All das hat er mit einer Besonnenheit und Ruhe getan, die ihresgleichen sucht. Doch etwas bringt ihn so richtig in Rage: wenn wir ihm erzählen, wie toll Al Pacinos Rede aus dem Film *Any Given Sunday* ist. Denn offenbar hat so ziemlich jeder seiner Trainer in so ziemlich jeder Krise zu ebendieser DVD gegriffen und die Szene der Mannschaft gezeigt. Doch auch wenn deren Wirkung zumindest bei unserem Freund bald nicht mehr eintrat, handelt es sich immer noch um ein schönes Beispiel, wie mitreißend selbst bruchstückhafte, angedeutete Geschichten sein können. In Oliver Stones Film aus dem Jahr 2000 spielt Al Pacino einen alternden Footballtrainer. Nach einer besonders schlechten Halbzeit wendet er sich an seine Mannschaft. Zuerst holt er die Spieler dort ab, wo sie sich gerade befinden: *We are in hell, gentlemen.* Dann macht er einen Schlenker, erzählt von seinem eigenen abgehalfterten Leben, von all seinen Fehltritten und Missgriffen, wie er alle davongejagt habe, die ihn je geliebt hätten. Schließlich beschreibt er, wie Football ihm stets geholfen habe, zurück ins Leben zu kommen. Denn Football sei ein »Game of Inches«. Im Football gehe es darum, um jeden Inch – ungefähr 2,5 cm – zu kämpfen und so Schritt für Schritt vorwärtszukommen. Am Ende gelingt es dem Coach, mit seiner Rede die ganze Mannschaft wachzurütteln und zum gemeinsamen Kampf um jeden einzelnen Inch zu motivieren. Und natürlich gewinnen sie am Ende das Spiel. Ob unser Freund die jeweiligen Spiele auch gewinnen konnte? Wir fragen beim nächsten Mal, wenn er uns wieder mal ein bisschen zu entspannt erscheint. Welche »Geschichten der Anderen« könnten Ihnen helfen, sich und andere Menschen zu motivieren? Vielleicht schauen Sie vor dem nächsten Waldlauf mal wieder *Forrest Gump* oder lesen vor dem nächsten Management-Retreat mal wieder *Macbeth*?

DIE HEILENDE FUNKTION

Es heißt, Menschen bräuchten in normalen Gesprächen alle zehn Sekunden eine Metapher. Dass jede davon unser Denken und Handeln beeinflusst, zeigten die Psychologin Lera Boroditsky und der Psychologe Paul Thibodeau von der Universität Stanford in einem genialen Experiment. Zwei Gruppen von Probandinnen erhielten einen ausführlichen Text über die Kriminalität in einer Kleinstadt. Die beiden Artikel waren identisch – bis auf ein einziges Wort. In der Einführung des einen Textes stand: »Die Kriminalität ist wie eine Bestie«. Und im anderen Text stand: »Die Kriminalität ist wie ein Virus«. Dieser kleine Unterschied machte einen großen Unterschied. Als die Probandinnen gebeten wurden, Vorschläge auszuarbeiten, wie der Kriminalität Einhalt geboten werden könnte, fielen ihre Antworten komplett unterschiedlich aus. Die Bestien-Gruppe sagte: Mit mehr Polizeigewalt und härteren Strafen! Die Virus-Gruppe hingegen schlug unisono vor: Mit Investitionen in Bildung und Prävention. Alles nur wegen eines Worts. Metaphern und Geschichten sind mächtige Vehikel, um Informationen am rationalen Geist vorbeizuschleusen und im Unbewussten zu pflanzen. Doch sie helfen nicht nur, Wissen zu verankern, die Kreativität zu fördern, zu Höchstleistungen anzuspornen oder Normen zu verschieben. In ihnen steckt auch die Kraft zu heilen. Popularisiert hat das der berühmte Therapeut und Begründer der modernen Hypnotherapie Milton Erickson. Immer wieder versetzte er seine Patientinnen in Trance, erzählte ihnen Geschichten und half so, sie aus pathologischen Zuständen hinauszubegleiten. Eines unserer Lieblingsbücher stammt von einer seiner Schülerinnen: *Stories for the Third Ear* von Lee Wallas.[59] Es enthält Transkriptionen berührender Geschichten, die die Therapeutin ihren Patientinnen auf Band aufgenommen hat, damit diese sie zu Hause immer wieder anhören konnten. Einem Mädchen, das sich nicht von seiner Mutter lösen konnte, erzählte sie die Geschichte einer Pflaume, die sich nicht vom Baum fallen lassen wollte, doch letztlich selbst zu einem blühenden Baum wurde. Einem jungen Mann, der sich mit seiner Homosexualität schwertat, erzählte Wallas von einem Haus mit einem geheimen Zimmer, das der Mann vorsichtig betreten durfte. Er öffnete in der Geschichte die Fenster und Fensterläden, und das Zimmer wurde mit Sonnenlicht durchflutet. Beiden Patient:innen gelang allmählich eine Transformation hin zu einem eigenen guten Leben (siehe auch »C wie UnConscious«).

---

59 Der Titel geht auf den deutschen Philosophen Friedrich Nietzsche zurück. Dieser war der Ansicht, dass Menschen mit einem »dritten Ohr« über eine besondere Auffassungsgabe für die Musikalität von Sprache verfügen, welch letztere er – ohne Zweifel im Besitz eines dritten Ohrs – in deutschsprachigen Büchern schmerzlich vermisste (vgl. Friedrich Nietzsche, *Werke in 3 Bänden*, Band 3: *Jenseits von Gut und Böse*, Köln 1994, S. 181 f.) Lee Wallas wiederum versteht das »dritte Ohr« als ein Mittel, mit dem wir in Metaphern versteckte Weisheiten intuitiv aufnehmen.

Natürlich sind Geschichten kein Allheilmittel. Doch gelingt es, die richtigen Geschichten zutage zu fördern, können sie Traumata lösen, das Immunsystem stärken oder ganze Organisationen resilienter machen. Erinnern Sie sich an Geschichten oder Metaphern, die Sie in Ihrer Kindheit berührt haben? Welche tun es noch heute? Wir legen morgen eine Schreibpause ein und schauen wieder mal *Star Wars*.

DIE ORIENTIERENDE FUNKTION

Der Mythenforscher Joseph Campbell teilte die Welt in zwei Lager. Für die eine Hälfte sind Mythologien und Religionen Fakten. Sie glauben zu wissen, ein alter Mann mit schlohweißem Haar hätte die Welt in sieben Tagen erschaffen, Schweinefleisch sei giftig oder im Jenseits warteten unsere Ahnen auf uns. Das sind die Theisten. Für die andere Hälfte sind Mythen Lügen. Gott gibt es nicht. Er ist eine Erfindung zur Unterdrückung der Schwachen. Das sind die Atheisten.

Campbell plädiert für einen dritten Weg. Mythen und Religionen sind Metaphern, die helfen, die Paradoxien der menschlichen Existenz aufzulösen. Sie helfen, die Endlichkeit des eigenen Lebens mit der scheinbaren Unendlichkeit von allem anderen in Einklang zu bringen. Sie helfen, gegenüber dem Transzendenten transparent zu werden – und so das »Göttliche« in uns zu entdecken.

Natürlich: Das sind große Worte, und jede von uns soll selbst entscheiden, ob und was sie damit anfangen will. Im Falle von *Change it!* sollen sie uns daran erinnern, wie wichtig Geschichten und Metaphern als Begleiterinnen für Veränderungsprozesse sind. Egal ob Matthäusevangelium oder *Wonder Woman, Jim Knopf und Lukas der Lokomotivführer* oder ein Film von

Jim Jarmusch, eine Fallstudie der Harvard Business School oder die Reportage einer Kriegsreporterin: Geschichten sind Referenzsysteme. Sie geben uns Halt, verbinden uns mit dem großen Ganzen und schenken uns Hoffnung, das am Ende alles irgendwie zusammenpasst (siehe auch »C wie Causality«). Welche Geschichten helfen Ihnen, Sinn im Unsinn zu entdecken, Ordnung im Chaos? Welche schenken Ihnen Kraft und Glauben? Welche hindern Sie daran, Ihr Potenzial auszuschöpfen?

Wenn wir die Realität geschichtlich begreifen, wenn wir dem Chaos unseres Daseins die Form von Geschichten verleihen, eröffnen sich Gestaltungsräume. Doch damit ist es nicht getan. Wir müssen diese Form auch immer wieder aufs Neue mit anderen Formen und Förmchen vergleichen. Denn diese helfen, die eigene Geschichte besser zu verstehen, besser zu schreiben und besser in neue Realitäten zu überführen.

Und zum Schluss noch die Frage: Wer hilft den Protagonistinnen in den Geschichten, ihre Lebenswelten besser zu begreifen? Gute Autorinnen wissen, dass es auch in Geschichten die Geschichten der anderen braucht. Dazu zählen etwa Binnenerzählungen: Immer wenn Batman nicht mehr weiterweiß, erzählt ihm sein Diener Alfred eine Geschichte. Aber auch implizite, nicht sprachliche Vergleiche sind nützliche Tricks. Bevor Indiana Jones den Gral auswählt, zeigt ein sogenannter »Klon«, was passiert, wenn er den falschen nimmt. Ein fieser Nazi tut genau dies und erleidet einen qualvollen Tod. Darum wissen wir jetzt: Indy muss höllisch aufpassen.

EIN LETZTES BEISPIEL

Dän Äschlimann fühlt sich unwohl. Er fragt sich, wie oft der schmuddelige Kinosessel gereinigt wird, und versucht auszurechnen, wie viele Menschen vor ihm ihre knapp bedeckten Hintern in den roten Samtstoff gedrückt haben. Aber schwierig. Zu viele Unbekannte. Außerdem ärgert es Dän, dass ihm sein Sitznachbar die Armlehne streitig macht, seine Sitznachbarin jedoch nichts dergleichen tut. Klara ist Däns erstes Rendezvous seit der Scheidung. Sein Therapeut meinte, er sei zu sehr in der Vergangenheit verfangen. »Lassen Sie los! Schauen Sie nach vorne.« Also hat Dän Klara aus dem Risikomanagement gefragt, ob sie mit ihm ins Kino möchte. Aber er vermisst seine Ex-Frau Judith. Und die Freundin davor. Und seine Mutter.

Der Film gefällt ihm mäßig. Batman war noch nie seins. Ein Milliardär, der seine Zeit damit verbringt, sich als Fledermaus zu verkleiden und Menschen mit Geisteskrankheiten zu verkloppen? Na ja. Er wirft einen verstohlenen Blick auf Klara. Ist das ein Popcornstück, das da an ihrer Lippe klebt? Mann, würde er das Ding jetzt gerne ablecken. Doch als Klara ihren Kopf zu ihm dreht, schaut er schnell zurück zur Leinwand.

Batman wird von einem glatzköpfigen Mann mit einer Atemmaske zusammengeschlagen und wacht – ganz ohne seine Gimmicks – in einem archaischen Gefängnis am Ende der Welt auf. Okay, das ist jetzt recht spannend, muss Dän zugeben. Gefängnisse fand er schon immer faszinierend.

Das archaische Gefängnis besteht aus einem riesigen felsigen Schacht, dessen Form an den Kühlturm eines Atomkraftwerkes erinnert. Den Insassen steht es frei, sich anzuseilen und den Versuch zu wagen, den Schacht in die Freiheit hochzuklettern. Doch an dessen Ende gilt es, von einem

Felsvorsprung auf einen anderen zu springen. Und zwar sehr, sehr weit zu springen.

Natürlich probiert auch Batman, den Schacht hochzuklettern. Immer und immer wieder. Batman ist nicht wie ich, denkt sich Dän. Batman würde alles tun, damit ihn seine Frau zurücknimmt. Aber auch er schafft den letzten Sprung nicht. Jedes Mal stürzt er ab und fällt ins Seil – und jedes Mal zuckt Dän zusammen.

Irgendwann lässt selbst Batman den Kopf hängen. »Es ist unmöglich«, seufzt er. »Nein, ist es nicht«, tönt es aus einer dunklen Ecke. Dort sitzt zusammengekauert ein alter Mann. Er erzählt von einem Mädchen, das den Sprung vor vielen Jahren geschafft hat. Ja, ein kleines Mädchen! Auf der Flucht vor einem anderen Insassen hatte sie keine Zeit, sich anzubinden. Sie wusste: Wenn sie den Sprung nicht schafft, stirbt sie.

Die Geschichte stimmt Batman (und auch Dän) zuversichtlich. Er muss ganz loslassen, damit der Weg in die Freiheit gelingt. Batman schnürt sein Bündel, verabschiedet sich vom alten Mann und tritt ins Licht. Ein Statist reicht ihm das Seil, doch Batman winkt ab. Dän und Klara wechseln einen Blick. Sie legt ihren Arm neben seinen. Endlich.

Batman klettert los. Ohne Seil. Klara, Dän und die Gefängnisinsassen blicken zu ihm hoch. Batman erreicht den Felsvorsprung. Zeitlupe: Batman nimmt Anlauf. Springt. Fliegt durch die Luft. Eine Sekunde. Zwei Sekunden. Drei … Dän hält den Atem an. Und dann: Batmans Hände krallen sich im Felsen fest. Geschafft! Batman zieht sich hoch und steht auf. Was für ein Kerl, denkt sich Dän. Er nimmt alles zurück. Batman ist der Beste.

Nach dem Film verabschiedet sich Klara von Dän – sie müsse früh raus –, und er kehrt alleine in seine halb leere Zweizimmerwohnung zurück. Später hat er einen Traum. Dän steht inmitten einer steilen Felswand.

Seine Ex-Frau Judith reicht ihm ein Seil. Doch Dän schüttelt den Kopf. Er braucht kein Seil. Traumdän ist ein mutiger Motherfucker. Er fliegt davon und landet auf einem glitschigen, von Moos überwachsenen Felsvorsprung. Dort wartet Klara. Ihre Lippen bestehen aus Popcorn. Aus süßem, glänzendem, unfassbar erotischem Popcorn. Weit unten hört er seinen Therapeuten applaudieren.

Dän erwacht mitten in der Nacht. Interessant, so fühlt sich Loslassen also an. Er greift zu seinem Handy, öffnet eine Textnachricht an Judith, erzählt ihr von seinem Traum und denkt: Vielleicht gibt es ja doch noch eine Chance für uns zwei. Jetzt, wo ich das Loslassen endlich gelernt habe. Dann legt er das Handy auf den Nachttisch, überlegt noch kurz, wie er die Batman-Szene in seine nächste Strategiepräsentation einbauen könnte, und schläft mit einem breiten Lächeln ein.

KERNPUNKTE UND ANWENDUNGSIDEEN

Story
– Arbeiten Sie mit expliziten und impliziten Vergleichen, zum Beispiel Klonen oder Binnenhandlungen.

Kommunikation
– Nutzen Sie große und kleine Geschichten anderer, um Ihre Botschaften in ein neues Licht zu rücken.

Change
– Verwenden Sie »fremde« Geschichten, um
  – Wissen zu vermitteln,
  – Normen zu festigen oder zu verrücken,
  – zu innovativen Lösungen zu gelangen,
  – zu Höchstleistungen anzuspornen,
  – Traumata zu heilen und Resilienz aufzubauen
  – sowie Sinn und Orientierung zu vermitteln.

SCHLUSSWORT

C wie Closure?

Wenn man die Fragen liebt und lebt, schrieb der Dichter Rainer Maria Rilke, lebt man vielleicht allmählich, ohne es zu merken, eines fernen Tages in die Antworten hinein.

Mit *Change it!* wollen wir Sie, liebe Lesende, dazu anstiften, ebendas zu tun. Konnten wir Sie dazu anregen, sich ein wenig in die Fragen rund um das Wechselspiel von Terrain und Landkarte, Fakt und Fiktion zu verlieben? Begreifen Sie »Wirklichkeit« nach der Lektüre von *Change it!* eine Spur geschichtlicher – und umgekehrt? Sind Sie sich der Geschichten bewusst geworden, die Ihre Lebenswelten prägen? Und reisen Sie ein wenig achtsamer zwischen den beiden Welten hin und her? Wir wünschen es Ihnen von ganzem Herzen.

Ob wir während des Schreibens selbst in ein paar Antworten hineingewachsen sind? Das zu beurteilen überlassen wir Ihnen. Sicher ist: Mit jeder Einsicht, Verknüpfung oder praktischen Anwendung sind wir auf neue großartige Probleme gestoßen – weshalb *Change it!* für uns, getreu seinem Titel, im Wandel begriffen bleibt.

So ist es auch längst nicht jedem C gelungen, einen Platz im Buch zu ergattern. Manchmal lag das daran, dass wir die Arbeit an anderen Kapiteln wichtiger oder interessanter fanden. Manchmal fehlte es uns (noch) an Anknüpfungspunkten oder an der nötigen Expertise. Doch wer weiß, vielleicht ändert sich dies mit der nächsten oder mit der übernächsten Ausgabe.

Wie wäre es zum Beispiel mit ...

C wie Caricature?

C wie Complexity?

C wie Constructivism?

C wie Charge?

Oder **C** wie Catharsis?

Ja, unsere Arbeit hat eben erst begonnen. Aber jetzt sind erst mal Sie dran. Welche Cs stiften Sie zu organisationalem, gesellschaftlichem oder ganz persönlichem Wandel an?

C wie _____

_____

_____

C wie _____

_____

_____

_____

C wie _____

_____

_____

_____

C wie _____

_____

_____

_____

C wie _____

_____

_____

_____

ZUR VERTIEFUNG

Change it! ist eine Hochgebirgswanderung über die Schultern von Giganten. Im Folgenden ein paar der Werke, die uns besonders viel gelehrt und/oder uns besonders inspiriert haben.[60]

VOM ERZÄHLEN ERZÄHLEN

Das erste Standardwerk: *The Hero with a Thousand Faces* von Joseph Campbell. Basierend auf unzähligen Mythen und Märchen entwickelt der Autor seine berühmte These, dass der Mensch eine bestimmte Art von Geschichten besonders liebt: den Heldinnenmythos. Wer es zugänglicher möchte, der sei das sensationelle Interviewbuch mit Joseph Campbell empfohlen: *Hero's Journey: Joseph Campbell on His Life and Work.* Das Hörbuch ist besser als jeder TED-Talk.

Das zweite Standardwerk: *Story* von Robert McKee. Ein wunderschön geschriebener Wälzer für angehende Drehbuchautorinnen. Manchmal etwas selbstverliebt, aber sehr inspirierend.

Das dritte Standardwerk hat uns ein älterer Herr in Los Angeles empfohlen, der von sich behauptete, er sei der Produzent einer Live-Action-Adaption von *Ghost in the Shell*. Er meinte, wenn wir es in der Filmindustrie zu was bringen wollten, müssten wir *Four Screenplays* von Syd Field lesen. Das mit Hollywood hat zwar so mäßig geklappt, aber die Empfehlung hat sich dennoch gelohnt. Field beschreibt klassische Storyzutaten anhand der Filme *Thelma & Louise, Terminator 2, Silence of the Lambs* und *Dances with Wolves.* Das ist zuweilen spannender als die vier Filme zusammen.

---

60 Wir können es nicht schönreden: Geprägt haben uns vor allem weiße Männer aus dem angelsächsischen Sprachraum. Doch wir freuen uns immer über Empfehlungen, die unsere Perspektiven erweitern. Oh, und auch aufs Aufzählen klassischer Werke – zum Beispiel Aristoteles und Homer, Kant und Hegel, Freud und Jung, Hesse und die Manns – haben wir verzichtet. Dafür gibt es Wikipedia.

Das aktuelle Buch: *The Science of Storytelling* von Will Storr, einem britischen Journalisten und Autor. Ein kluges, unterhaltsames, etwas mäanderndes Buch, in dem der Autor beschreibt, wieso unser Gehirn Geschichten liebt und welche Arten von Geschichten es besonders liebt.

Die Onlineressourcen: Der Amerikaner Ross Hartmann, ein absoluter Storytelling-Nerd, inspiriert uns mit seinem gut kuratierten Instagram-Account @kiingocreative und den Inhalten seiner Website kiingo.com immer wieder aufs Neue. Und dann ist da der geniale Blog themarginalian.org (bis vor kurzem noch Brainpickings genannt) der philosophischen Brückenbauerin Maria Popova. Ihr Buch *Findungen* ist auf Deutsch im Diogenes-Verlag erschienen.

Weitere Materialien zum Thema Storytelling als künstlerische Disziplin gibt es wie Helden in Geschichten. Unserer Meinung nach ebenfalls empfehlenswert sind die Bücher *The Art of Political Storytelling* von Philip Seargeant, *Into the Woods* von John Yorke und *Save the Cat!* von Blake Snyder.

ÜBER DAS SCHREIBEN SCHREIBEN

Der Autor Gábor Fónyad hat uns einmal das Dilemma autobiografischen Schreibens erklärt: Man lebt nur, wenn man schreibt. Aber wenn man schreibt, (er)lebt man nichts. Wir finden die Kunst des Schreibens nach wie vor essenziell, um Wirklichkeiten – unsere und die der anderen – zu verstehen, neu zu denken und zu gestalten. Bewegt und begleitet haben uns unter anderem folgende Bücher.

Big Magic von der *Eat, Pray, Love*-Autorin Elizabeth Gilbert. Wie kein anderes hat uns dieses Sozusagen-Sachbuch geholfen, die Lust am Fabulieren, Kreieren und Schreiben aufs Neue zu entdecken und unsere inneren Richterinnen in den Urlaub zu schicken.

Still Writing von der Schriftstellerin Dani Shapiro. Ein großes kleines Buch. Nur schon diese Stelle:

»If, in creating a world on the page, we are attempting to hold a mirror up to humanity, to illuminate something about our lives as we live them, how often do our stories end neatly and to our satisfaction? No. We are left with loose ends. We don't know what will happen next. We try to make sense of what has already happened, to understand the inherent messiness. To move forward in the darkness. That is part of our job, and it is most definitely the job of literature.«

Schön, nicht wahr?

On Writing von Stephen King. Fast schon ein Klassiker. Obwohl wir uns von den Storys des Horrorautors seit unserer frühen, von Albträumen geplagten Jugend fernhalten, können wir dieses Buch vorbehaltlos empfehlen. King verwebt darin biografische Erlebnisse mit Schreibtipps. Und tut das erstaunlich sanft.

CHANGE-MANAGEMENT & CO.

Ganz ehrlich: Fast kein Buch, das uns zum Thema Change begegnet ist, hat uns inspiriert, geschweige denn in der Tiefe berührt. Was mit ein Grund ist, weshalb wir *Change it!* geschrieben haben.

Toll fanden wir aber das relativ neue *How to Change* von Katy Milkman. Die Verhaltenspsychologin übersetzt darin neueste Forschungen in konkrete Handlungsempfehlungen. Ohne Frau Milkman wäre *Change it!* wohl etwas dünner ausgefallen.

Nicht verkehrt finden wir auch die mit vielen Beispielen angereicherten Werke des emeritierten Harvard-Professors John P. Kotter, der das Feld des Change-Managements jahrzehntelang geprägt hat. Seine zusammen mit Holger Rathgeber verfassten Bildergeschichten *Our Iceberg Is Melting* und *That's Not How We Do It Here!* sind ein guter Einstieg.

Immer inspiriert hat uns Professor Martin Eppler von der Universität St. Gallen. Kürzlich ist dessen gut zum Kapitel »C wie Correspondence« passendes neues Buch mit dem vielsagenden Titel *An Introduction to Visual Variation – for Better*

Leading, Learning and Living: The Powerful Principle for Clear Explanations and Creative Explorations in Business, Society, and Life erschienen.

Für uns wichtige Bücher rund um das Thema organisationale Strategie waren und sind *Strategy Safari* von Henry Mintzberg (einer der wenigen wirklich originellen Betriebswirtschaftler dieser Welt) und *Strategy: A History* des britischen Historikers Lawrence Freedman. Letzterer verwebt in seinem endlos dicken Wälzer strategisches Denken mit einem geschichtlichen Verständnis der Realität. Weshalb wir uns in seiner Ecke des Rings ziemlich wohlfühlen.

Und wirklich begeistert sind wir von den Thesen Saras D. Sarasvathys. Die Entrepreneurship-Professorin untersucht, wie es Unternehmerinnen wie niemandem sonst gelingt, zwischen Realität und Imagination hin- und herzuwechseln und so die Zukunft zu gestalten. Vergessen Sie Agilität und all den aufgeblasenen Kram. *Effectuation* ist der letzte und der nächste Schrei.

Natürlich steckt in *Change it!* auch die Lektüre zahlreicher themenverwandter Sachbücher. Großen Einfluss hatten die Werke von Chip und Dan Heath (zum Beispiel *The Power of Moments*), *Es lebe der Generalist!* von David J. Epstein, *Moonwalk mit Einstein* von Joshua Foer, *Peak* von Anders Ericsson und *Die Kreativitäts-AG* von Ed Catmull, dem Gründer des Trickfilmstudios Pixar.

Oh, und schließlich war einer der ersten Giganten, auf dessen Schultern wir herumgekraxelt sind, unser eigener Papa. Er hat in den Achtzigern quasi den Vorläufer zu diesem Buch geschrieben: *Geschichten sind überall*. Und als Psychologe hat er uns auch Zugang zu den Texten seiner Gilde verschafft, beispielsweise das im Buch erwähnte *Stories for the Third Ear* von Lee Wallas, die genialen Bücher des deutschen Hypnotherapeuten Bernhard Trenkle (nicht zuletzt dessen Witze-Buch: das *Ha-Handbuch der Psychotherapie*) oder die gestalttherapeutischen Geschichten von Jorge Bucay. Zudem lesen wir derzeit fleißig die Werke des Jungianers James Hollis. Dessen Klassiker *The Middle Passage* über die (in unserem Fall wohl etwas verfrühte) Midlife-Crisis hat uns durch ein paar dunkle Stunden hindurch begleitet.

WENN'S NICHT WAHR IST, IST ES WENIGSTENS GUT ERFUNDEN

Doch am meisten haben uns Geschichten selbst gelehrt: allen voran die Kinder- und Jugendbücher von Astrid Lindgren, Michael Ende oder Ottfried Preußler, die Comics von Zeichnern wie Franquin, Akira Toriyama oder Don Rosa, die Science-Fiction-Geschichten von Stanisław Lem, William Gibson, Douglas Adams oder – unsere Neuentdeckung! – Ted Chiang, die Krimis von Eric Ambler, John le Carré oder Don Winslow, die Tausende von Filmen und Serien und natürlich immer wieder *Batman*, *Indiana Jones* und *Star Wars*. Danke an die Christopher Nolans, Steven Spielbergs und George Lucasse dieser Welt. Ohne euch hätten wir es nicht geschafft.

DANKSAGUNG

Bei folgenden Menschen, Organisationen und anderen Wesen möchten wir uns ganz herzlich bedanken für ihre Unterstützung, Inspiration und Liebe: Fabian Pfister, Yves Erne, Christof Gähwiler und das Zense-Team, Olaf Meier, Stephanie Motz, Eva und Peter Hinnen, Shirin, Neela und Laurin Hinnen, Monika Reller, Dän Äschlimann, Mauro Mueller, Vincent Glanzmann, Patrick Tscherrig, Morris Trachsler, Jörg Schulze, Roberto Batres, Martin Eppler, Miriam Meckel, Martin Hilb, die Universität St. Gallen (HSG), Swiss International Air Lines und Sabrina.

ILLUSTRATIONEN

Christof Gähwiler: Umschlag
Yves Erne: Karte, Seite 76
Madleina Dörig: Seiten 18, 42, 112, 178
Alex Wucherer: Seiten 34, 94, 164
Mario Miles: Seiten 4, 86
Mira Schadt: Seiten 156, 190
Marion Deichmann: Seite 58
Vanessa Kesselring: Seite 66
Pablo Hintermüller & Stephan Geiger: Seite 102
Carlos Saborío Romero: Seite 122
Vivi Ammann: Seite 132
Hannes Oehen: Seite 140
Sarah Kartika Haller: Seite 148
Alexandra Siebert: Seite 172
Patrick Graf: Seite 200
Sven Aeschlimann: Seite 206

MEHR INFORMATIONEN UNTER

www.zense.ch

Andri Hinnen hat International Affairs, Strategie und Internationales Management an der Universität St. Gallen (HSG) studiert. Nach Stationen bei internationalen Werbeagenturen gründete er Zense – Reframing Complexity, eine Agentur, die sich der Versinn(bild)lichung komplexer Inhalte und der medialen Unterstützung von Veränderungsprozessen verschrieben hat. Neben seiner Tätigkeit für Zense ist Andri Hinnen Privatdozent an der Universität St. Gallen (HSG), Filmschaffender und Autor. Mit dem Kinodokumentarfilm *Unter Wasser atmen* gewann er den Publikumspreis des Zurich Film Festival und war für den Prix de Soleure nominiert. Er ist Autor von *Rolf*, erschienen bei Elster & Salis, sowie verschiedener Kinderbücher.

Dr. Gieri Hinnen hat International Affairs und Management an der Universität St. Gallen, der London School of Economics und der Schulich School of Business in Toronto studiert. Er ist Head of Labor Relations & HR Steering bei Swiss International Air Lines. Zuvor war er dort für den Bereich Strategic Communication verantwortlich. Er unterrichtet als Privatdozent an der Universität St. Gallen (HSG) Public Affairs, Verhandlungskompetenz, Complexity Communication und Sustainability Communication. Vor seiner Tätigkeit in der Luftfahrt war er unter anderem Texter in einer Werbeagentur, an einer Filmproduktion beteiligt und in der Managementberatung aktiv.

Klimaneutral
Druckprodukt
ClimatePartner.com/12752-1803-1001

Zum Ausgleich für die entstandene CO$_2$-Emission bei der Produktion dieses
Buches unterstützen wir den Betrieb eines Wasserkraftwerks im Virunga-
Nationalpark im östlichen Kongo. Das Projekt trägt zum Klimaschutz bei,
indem auf die Abholzung des tropischen Bergregenwaldes zur Holzkohle-
gewinnung verzichtet wird und der Lebensraum der letzten Berggorillas in
freier Wildbahn erhalten bleibt. Der gewonnene Strom wird in das lokale
Stromnetz eingespeist und dient als Alternative zur Holzkohle.

Bibliografische Information der Deutschen Nationalbibliothek
Die Deutsche Nationalbibliothek verzeichnet diese Publikation in
der Deutschen Nationalbibliografie; detaillierte bibliografische
Daten sind im Internet über http://dnb.de abrufbar.

Copyright © 2022 Murmann Publishers GmbH, Hamburg

Coverillustration: Christof Gähwiler
Druck und Bindung: Kösel GmbH & Co. KG, Altusried-Krugzell
ISBN 978-3-86774-699-1

Besuchen Sie unseren Webshop: www.murmann-verlag.de
Ihre Meinung zu diesem Buch interessiert uns!
Zuschriften bitte an info@murmann-publishers.de
Den Newsletter des Murmann Verlages können Sie anfordern unter
newsletter@murmann-publishers.de